LES

AUTEURS DU PROGRAMME

(EXTRAITS RELIÉS PAR DES ANALYSES)

———

CORRESPONDANCE ENTRE SCHILLER ET GŒTHE

LES
AUTEURS DU PROGRAMME

(EXTRAITS RELIÉS PAR DES ANALYSES)

CORRESPONDANCE ENTRE SCHILLER & GŒTHE

AVEC NOTICE ET NOTES

Par L. SCHMITT

AGRÉGÉ DE L'UNIVERSITÉ, PROFESSEUR AU LYCÉE CONDORCET

CLASSE DE PHILOSOPHIE

PARIS

LIBRAIRIE CH. DELAGRAVE

15, RUE SOUFFLOT, 15

1887

8859-87. — CORBEIL. — Imprimerie CRÉTÉ.

NOTICE

SUR LA

CORRESPONDANCE ENTRE SCHILLER ET GŒTHE

———

Les fortes et viriles amitiés sont plus rares dans la république des lettres qu'on ne le croit communément; à peine voit-on apparaître dans la suite des âges deux ou trois groupes d'hommes, aussi grands par le cœur que par le génie, qui traversent une période notable de leur vie en s'appuyant l'un sur l'autre et qui marchent du même pas dans la voie du beau et du vrai : à Rome, Horace et Virgile; en France, Racine et Boileau; en Allemagne, Gœthe et Schiller.

L'exemple de ces derniers confirme d'une manière éclatante cette vérité banale que les extrêmes se touchent et que les contraires s'attirent. Jusqu'en 1794 les deux poètes étaient restés séparés par une barrière qui semblait infranchissable; le disciple de Spinoza ne pouvait sympathiser avec le disciple de Kant, l'auteur d'*Iphigénie* avec celui des *Brigands*. En vain des amis communs avaient tenté de rapprocher les deux grands écrivains; Gœthe persistait à dire « qu'il y avait entre les deux antipodes de leur esprit plus d'un diamètre terrestre. » Une rencontre fortuite qui avait eu lieu à Rudolstadt, en 1788, avait produit chez Schiller la même conviction : « Le monde de Gœthe, écrivait-il alors, n'est pas le mien; nos manières de penser et de dire sont diamétralement opposées. » L'antipathie de la première heure menaçait de dégénérer en incurable aversion. Et pourtant ces deux hommes avaient besoin de se connaître, de se comprendre et de se compléter l'un l'autre, afin de rentrer tous deux dans le domaine de l'art pur et de revenir à la poésie qu'ils avaient désertée, l'un pour l'étude des sciences naturelles, l'autre pour la philosophie de Kant. Un heureux hasard rompit la glace.

C'était au commencement de l'année 1794. Schiller et Gœthe viennent d'assister à une séance de la Société d'histoire naturelle d'Iéna; ils se rencontrent à la porte. Après avoir échangé quelques banalités, ils se mettent à parler des transformations des plantes; Schiller, novice en cette matière, demande quelques explications à son interlocuteur, qui lui expose complaisamment ses théories et ses découvertes. L'entretien se prolonge; on arrive, tout en causant, jusqu'à la maison de Schiller; on entre, on s'assied, et la discussion recommence, variée, brillante et féconde comme elle pouvait l'être entre deux hommes de cette valeur. En se séparant, les deux adversaires étaient presque amis. « Le premier pas était fait, » dit Gœthe dans ses *Annales*. « Schiller était doué d'une singulière puissance d'attraction; il s'emparait tout d'abord de ceux qui s'approchaient de lui. Je m'intéressai à ses projets, et je lui promis, pour son recueil *les Heures*, bien des choses que je gardais en portefeuille. Sa femme, que j'aimais et appréciais depuis son enfance, contribua pour sa part à consolider notre union. C'est ainsi que se noua cette amitié qui n'a jamais été interrompue, et qui a fait tant de bien, à nous deux d'abord, et puis à bien d'autres. Pour moi, en particulier, ce fut un second printemps, où toutes les semences germèrent, où toute sève monta et se répandit joyeusement au dehors. Le témoignage le plus direct, le plus pur et le plus complet de notre affection réciproque est déposé dans le recueil de nos lettres. »

Peu de temps après, Schiller, qui venait de fonder le recueil *les Heures*, écrivit à Gœthe pour lui rappeler qu'il lui avait promis sa collaboration. La réponse ne se fit pas attendre ; elle était franche et cordiale. Schiller se mit bien vite au diapason de son illustre correspondant ; les préventions qu'il avait conçues contre lui tombèrent comme par enchantement, et il laissa parler librement son esprit et son cœur. De fréquentes entrevues ne firent que resserrer davantage ces premiers liens ; les deux amis — car on peut désormais les appeler de ce nom — mirent leurs forces en commun, et cette association fut pour eux le début d'une existence nouvelle, le point de départ de leur renaissance poétique et morale.

Grâce à l'influence bienfaisante de Gœthe, Schiller se détacha insensiblement de la philosophie et des études abstraites pour revenir à la poésie vivante : il écrivit le *Partage de la terre*, ébaucha des drames futurs ; déjà commençait à le hanter la tragique figure de Wallenstein. Mais avant de rentrer dans le domaine de l'art pour ne plus en sortir, les deux poètes firent œuvre de justiciers en criblant de leurs épigrammes les méchants auteurs et les médiocrités envieuses qui embarrassaient leur chemin. Les *Dioscures*, comme les appellent deux de leurs biographes, forgèrent et aiguisèrent ensemble les flèches qu'ils firent pleuvoir ensuite sur le camp ennemi. La campagne des *Xénies* remplit l'année 1796, année doublement laborieuse, car, au milieu de « cette diablerie poétique », Schiller dirigeait la publication des *Heures*, préparait celle de l'*Almanach des Muses*, composait de petits poèmes, traçait les grandes lignes de son *Wallenstein ;* Gœthe achevait son *Wilhelm Meister*, écrivait *Alexis et Dora*, arrêtait le plan d'*Hermann et Dorothée*. En quelques mois ce chef-d'œuvre fut terminé.

La contemplation des vivantes figures qui peuplent le

roman de *Wilhelm Meister* avait eu pour résultat d'arracher Schiller aux études purement spéculatives ; l'épopée familière de Gœthe, dont il a senti la perfection mieux que personne, l'éloigna du drame romanesque et sentimental pour le porter vers la haute tragédie, vers celle qui rappelle Sophocle et Shakespeare. *Wallenstein* prend dans sa pensée les proportions des trilogies grecques ; commencé en prose, il sera écrit en vers. L'année 1797, surnommée « l'année des ballades », vit éclore *le Plongeur*, *le Gant*, *l'Anneau de Polycrate*, *le Chevalier de Toggenbury*, *les Grues d'Ibycus*, *le Message à la forge* ; Gœthe, non moins actif, achevait *le Nouveau Pausias*, écrivait *le Chercheur de trésors*, *l'Apprenti sorcier*, *la Fiancée de Corinthe*, *le Dieu et la Bayadère*, *la Bouquetière*, *Euphrosine*, *la Métamorphose des plantes*, et continuait *la Vie de Benvenuto Cellini*. Cependant le chaos de *Wallenstein* se débrouillait ; la composition de ce triple drame fut un des grands événements de la vie de Gœthe ; la publication des *Propylées*, la continuation de *Faust*, la poursuite de ses études sur la théorie des couleurs le passionnaient moins que les progrès de la trilogie. Il prodigue à Schiller les conseils et les encouragements, et le décide à élargir son cadre, à diviser son œuvre en trois parties à la fois unies et distinctes ; puis, voyant la lenteur, les hésitations et les défaillances de son ami, il court à Iéna, le presse, le harcelle et finit par lui arracher *le Camp de Wallenstein* (30 septembre 1798). Six mois plus tard, *les Piccolomini* et *la Mort de Wallenstein* étaient achevés à leur tour, et l'Allemagne émerveillée acclamait cette œuvre puissante qui inaugurait une ère nouvelle dans l'art dramatique.

Désormais Schiller est impatient de produire et de réparer les années perdues pour la poésie. Aussitôt après le laborieux enfantement de sa trilogie, il se met à combiner de nouveaux plans : il va peindre dans *Marie Stuart* le martyre de la plus malheureuse des reines, et glorifier ensuite dans *Jeanne d'Arc* l'héroïne chrétienne qui se dévoue pour son pays. Afin de pouvoir travailler avec plus de fruit, il veut quitter la solitude d'Iéna pour s'établir à Weimar; la générosité du grand-duc lui permet d'effectuer ce changement de résidence (3 septembre 1799). Dès lors Gœthe et lui se verront tous les jours et seront tout entiers l'un à l'autre; ils n'échangeront plus, il est vrai, ces longues confidences qui jettent une si vive lumière sur leurs travaux : aux lettres succéderont de simples billets. « Comme le Rhin se perd dans les sables, » écrira Gœthe à son ami Zelter[1], « ma correspondance avec Schiller est allée se perdre dans les insignifiants détails de la vie quotidienne ». Quelquefois cependant les deux amis reprennent la plume pour s'écrire longuement; c'est lorsque Gœthe, pressé de terminer un ouvrage resté en souffrance, va chercher le silence et la solitude aux environs de Weimar, voire même à Iéna, ou que Schiller, impatient d'achever un acte de *Marie Stuart*, se retire pour quelques jours dans un château du grand-duc, à Ettersbourg. Et ensuite recommencent les entretiens journaliers, ce qui n'empêche pas les billets de se croiser, rapides et fréquents; les deux amis écrivent à la hâte pour s'adresser l'un à l'autre un mot affectueux ou bien une invitation familière, car ils ont besoin de se voir et de se revoir sans cesse.

Comme ils ont entrepris de régénérer le théâtre allemand, leur activité est sollicitée par une foule d'objets. Tout en combinant des scènes de *Faust*, Gœthe traduit librement le *Mahomet* et le *Tancrède* de Voltaire pour le théâtre de Weimar, et arrange *Iphigénie* pour la scène; Schiller, de son côté, entreprend dans le même but la traduction du *Macbeth* de Shakespeare, en attendant que la

1. Le 27 mars 1830.

maladie lui permette d'achever *Marie Stuart* et d'aborder le sujet de *Jeanne d'Arc*. Dès qu'il a terminé ces deux drames, il forme de nouveaux projets. Il hésite pendant quelque temps entre les *Chevaliers de Malte* et l'*Usurpateur Warbeck*, et finit par se décider pour une tragédie à la fois antique et moderne, *la Fiancée de Messine*. Il finit cette pièce le 4 février 1802, après avoir traduit, dans l'intervalle, la *Turandot* de Carlo Gozzi ; puis il se repose en traduisant pour le théâtre de la cour deux comédies de Picard, *le Parasite* et *le Neveu pris pour l'oncle*. Dès qu'il a payé ce tribut de reconnaissance au grand-duc, il met la main à son dernier chef-d'œuvre, *Guillaume Tell*. Ce drame est le principal sujet dont s'entretiennent les deux poètes pendant la dernière période de leur correspondance. Gœthe, après avoir fourni à Schiller l'idée première du poème, lui livre encore les notes et les souvenirs qu'il a rapportés de la Suisse, et, grâce à cette seconde vue qui est un des priviléges du génie, Schiller reconstitue avec une étonnante fidélité les figures et les paysages qu'il n'a fait qu'entrevoir à travers les confidences de son ami. C'est donc l'auteur d'*Hermann et Dorothée* qui l'a inspiré, plus encore que le chroniqueur Tschudi.

L'arrivée inattendue de Mme de Staël à Weimar vint troubler Schiller dans sa solitude ; le poète maudit de tout son cœur cette visite importune, et, dans sa mauvaise humeur, il alla jusqu'à méconnaître les grandes qualités de la femme éminente qui le comprenait et le jugeait si bien. Gœthe lui-même se départit de son calme olympien pour se montrer tranchant et quelquefois acerbe, partant injuste, envers cette Française qui avait la prétention de pénétrer les profondeurs de l'esprit germanique. Pourtant la présence de Mme de Staël n'empêcha pas Schiller d'achever son drame de *Guillaume Tell ;* la pièce fut mise en répétition dès le 20 février 1804, et représentée moins d'un mois après. Bientôt toute l'Allemagne acclama dans l'auteur le poète de la liberté.

Le chantre du libérateur de la Suisse s'apprêtait à montrer son génie sous une nouvelle face. Déjà il avait écrit le plan de *Démétrius;* mais ce drame devait rester à l'état d'ébauche. La santé de Schiller était profondément altérée; la maladie n'avait pas épargné les siens, et pendant quelque temps sa maison avait été un véritable hôpital. Aussi finit-il par céder aux instances de ses amis, qui lui conseillaient un changement d'air; il partit, emmenant avec lui sa femme et les deux aînés de ses enfants. Il se rendit à Berlin, où l'appelait depuis longtemps l'acteur Iffland; inutile de dire que son séjour dans cette ville fut une suite d'ovations. Revenu chez lui le 24 mai, il passa les mois d'août et de septembre à Iéna, où il faillit mourir des suites d'un refroidissement. Son état ne fit qu'empirer après son retour à Weimar: à peine pouvait-il de loin en loin travailler à son drame de *Démétrius.* Il prenait patience en traduisant la *Phèdre* de Racine, qui fut représentée le 30 janvier 1805. A partir de ce moment, les crises devinrent plus fréquentes; Schiller s'affaiblissait visiblement, pendant que, par une triste coïncidence, Gœthe lui-même était retenu dans son lit par une maladie grave. Les deux amis avaient à peine la force de s'écrire quelques lignes. Le 29 avril, ils passèrent ensemble une partie de la soirée; ils ne devaient plus se revoir. Le 9 mai, Schiller était mort. En apprenant la fatale nouvelle, Gœthe put dire avec raison qu'il « avait perdu la moitié de son être ».

EXTRAITS

DE LA

CORRESPONDANCE ENTRE SCHILLER ET GŒTHE

1794

I

Schiller demande à Gœthe de collaborer à son recueil littéraire
intitulé *les Heures*.

Hochwohlgeborner Herr[1],

Hochzuverehrender Herr Geheimer Rath!

Beiliegendes Blatt enthält den Wunsch einer, Sie unbegränzt
hochschätzenden, Gesellschaft, die Zeitschrift[2] von der die Rede ist,
mit Ihren Beiträgen zu beehren[3], über deren Rang und Werth
nur eine Stimme unter uns sein kann. Der Entschluß Euer Hoch-
wolhgeboren, diese Unternehmung durch Ihren Beitritt zu unterstützen, wird für den glücklichen Erfolg derselben entscheidend sein,
und mit größter Bereitwilligkeit unterwerfen wir uns allen Bedingungen, unter welchen Sie uns dieselben zusagen wollen.

Hier in Jena haben sich die HH. Fichte, Woltmann und von

---

1. Hochwohlgeborner Herr, Monsieur. Hochwohlgeboren s'emploie quand on
s'adresse à des nobles ou à des personnes haut placées; Gœthe, anobli par l'empereur Joseph II et premier ministre du duc de Saxe-Weimar, avait doublement
droit à cette qualification.

2. *Les Heures* (Die Horen), revue mensuelle qui devait contenir des poésies,
des dissertations philosophiques et des études historiques.

3. Beiträge, des articles. Mit Ihren Beiträgen beehren, honorer de votre collaboration.

Humboldt[1] zur Herausgabe dieser Zeitschrift vereinigt, und da, einer nothwendigen Einrichtung gemäß, über alle einlaufenden Manuscripte die Urtheile eines engern Ausschusses[2] eingeholt werden sollen, so würden Ew. Hochwohlgeboren uns unendlich verpflichten, wenn Sie erlauben wollten, daß Ihnen zu Zeiten eines der eingesandten Manuscripte dürfte zur Beurtheilung vorgelegt werden. Je größer und näher der Antheil ist, dessen Sie unsre Unternehmung würdigen, desto mehr wird der Werth derselben bei demjenigen Publicum[3] steigen, dessen Beifall uns der wichtigste ist. Hochachtungsvoll verharre ich

Euer Hochwohlgeboren\
gehorsamster Diener und aufrichtigster Verehrer[4]\
Fr. Schiller.

Jena, 13. Juni 1794.

II

Gœthe accepte la proposition de Schiller.

Ew. Wohlgeboren

eröffnen mir eine doppelt angenehme Aussicht, sowohl auf die Zeitschrift, welche Sie herauszugeben gedenken, als auf die Theilnahme zu der Sie mich einladen. Ich werde mit Freuden und mit ganzem Herzen von der Gesellschaft sein.

Sollte unter meinen ungedruckten Sachen sich etwas finden das

---

1. Fichte (1762-1814) occupait alors la chaire de philosophie à l'université d'Iéna. Ce philosophe se rattache à l'école de Kant; son système est basé sur l'idéalisme pur. — Woltmann (1770-1817), auteur d'une *Histoire de France*, d'une *Histoire de la Réforme*, de l'*Histoire de la paix de Westphalie*, d'une *Histoire de Bohême*, fut successivement professeur d'histoire à Gœttingue et à Iéna. — Guillaume de Humboldt (1767-1835), frère de l'auteur du *Cosmos*, homme d'État, philologue, poète et critique, est surtout connu dans la république des lettres par ses *Essais esthétiques sur l'Hermann et Dorothée de Gœthe*.

2. Ein engerer Ausschuß, un petit comité, un comité spécial.

3. Schiller avait dit, dans le prospectus qu'il avait rédigé lui-même : « Tout ce qui ne pourrait intéresser que les savants ou les lecteurs sans instruction sera exclu de notre recueil. »

4. Cette lettre cérémonieuse ou plutôt cette requête en style officiel est un singulier point de départ pour une correspondance qui va devenir si active ; mais à la froideur de ce début vont succéder bien vite l'abandon et la cordialité.

zu einer solchen Sammlung zweckmäßig wäre, so theile ich es gerne
mit; gewiß aber wird eine nähere Verbindung mit so wackern
Männern als die Unternehmer sind, manches, das bei mir in's
Stocken gerathen ist, wieder in einen lebhaften Gang bringen[1].

Schon eine sehr interessante Unterhaltung wird es werden, sich
über die Grundsätze zu vereinigen, nach welchen man die eingesen=
deten Schriften zu prüfen hat, wie über Gehalt und Form zu wa=
chen, um diese Zeitschrift vor andern auszuzeichnen und sie bei
ihren Vorzügen wenigstens eine Reihe von Jahren zu erhalten.

Ich hoffe bald mündlich[2] hierüber zu sprechen und empfehle mich
Ihnen und Ihren geschätzten Mitarbeitern auf's beste.

Goethe.

Weimar, den 24. Juni 1794.

III

Heureuse influence de Gœthe sur Schiller. — Caractère du génie de
Gœthe.

Jena, den 23. August 1794.

Man brachte mir gestern die angenehme Nachricht, daß Sie von
Ihrer Reise[3] wieder zurückgekommen seien. Wir haben also wieder
Hoffnung, Sie vielleicht bald einmal bei uns zu sehen, welches ich
an meinem Theil herzlich wünsche. Die neulichen Unterhaltungen
mit Ihnen haben meine ganze Ideenmasse in Bewegung gebracht,
denn sie betrafen einen Gegenstand, der mich seit etlichen Jahren
lebhaft beschäftigt. Ueber so manches, worüber ich mit mir selbst
nicht recht einig werden konnte, hat die Anschauung Ihres Geistes
(denn so muß ich den Totaleindruck Ihrer Ideen auf mich nennen)
ein unerwartetes Licht in mir angesteckt. Mir fehlte das Object,
der Körper, zu mehreren speculativischen Ideen, und Sie brachten
mich auf die Spur davon. Ihr beobachtender Blick, der so still und
rein auf den Dingen ruht, setzt Sie nie in Gefahr, auf den Abweg

---

1. Wird manches… bringen, ranimera chez moi bien des facultés engourdies.
2. Ce projet se réalisa bientôt : le 21 juillet, Gœthe était à Iéna. A partir de ce
moment, la glace est rompue, et l'amitié des deux grands poètes va inaugurer la
période la plus féconde de l'histoire de la littérature allemande.
3. Il s'agit d'un voyage que Gœthe venait de faire à Dessau, à Leipzig et à Dresde.

zu gerathen, in den sowohl die Speculation als die willkürliche und
bloß sich selbst gehorchende Einbildungskraft sich so leicht verirrt.
In Ihrer richtigen Intuition liegt alles und weit vollständiger, was
die Analysis mühsam sucht, und nur weil es als ein Ganzes in
Ihnen liegt, ist Ihnen Ihr eigener Reichthum verborgen; denn lei=
der wissen wir nur das, was wir scheiden[1]. Geister Ihrer Art wissen
daher selten, wie weit sie gedrungen sind, und wie wenig Ursache
sie haben, von der Philosophie zu borgen, die nur von ihnen lernen
kann. Diese kann bloß zergliedern, was ihr gegeben wird, aber das
Geben selbst ist nicht die Sache des Analytikers, sondern des Genie's,
welches unter dem dunkeln, aber sichern Einfluß reiner Vernunft
nach objectiven Gesetzen verbindet[2].

Lange schon habe ich, obgleich aus ziemlicher Ferne, dem Gang
Ihres Geistes zugesehen, und den Weg, den Sie sich vorgezeichnet
haben, mit immer erneuter Bewunderung bemerkt. Sie suchen das
Nothwendige der Natur, aber Sie suchen es auf dem schwersten
Wege, vor welchem jede schwächere Kraft sich wohl hüten wird. Sie
nehmen die ganze Natur zusammen, um über das Einzelne Licht zu
bekommen; in der Allheit ihrer Erscheinungsarten suchen Sie den
Erklärungsgrund für das Individuum auf. Von der einfachen Or=
ganisation steigen Sie, Schritt vor Schritt, zu der mehr verwickelten
hinauf, um endlich die verwickeltste von allen, den Menschen, genetisch
aus den Materialien des ganzen Naturgebäudes zu erbauen. Dadurch,
daß sie ihn der Natur gleichsam nacherschaffen, suchen Sie in seine
verborgene Technik einzudringen. Eine große und wahrhaft helden=
mäßige Idee, die zur Genüge zeigt, wie sehr Ihr Geist das reiche
Ganze seiner Vorstellungen in einer schönen Einheit zusammenhält.
Sie können niemals gehofft haben, daß Ihr Leben zu einem solchen

---

1. Scheiden, diviser.

2. « Schiller, plongé dans la philosophie de Kant, semblait disposé à s'y em-
prisonner à jamais... Gœthe, au contraire, indifférent aux lois absolues, n'aimait
que les choses concrètes, les produits spontanés de la vie universelle, la nature,
en un mot, dans l'infinie variété de ses phénomènes. La loi et la nature, la loi morale qui veut dominer la nature pour l'épurer sans cesse, la nature insouciante et
féconde qui s'épanouit sous maintes formes sans s'inquiéter de la loi morale, voilà
les deux mondes opposés où Schiller et Gœthe semblaient établis pour toujours.
Schiller était le disciple de Kant, Gœthe était le disciple de Spinoza. »
(Saint-René Taillandier, *Correspondance entre Schiller et Gœthe*, t. I, p. 162.)

Ziele zureichen werde, aber einen solchen Weg auch nur einzuschlagen, ist mehr werth, als jeden andern zu endigen, — und Sie haben gewählt, wie Achill[1] in der Ilias zwischen Phthia[2] und der Unsterblichkeit. Wären Sie als ein Grieche, ja nur als ein Italiener geboren worden, und hätte schon von der Wiege an eine auserlesene Natur und eine idealisirende Kunst Sie umgeben, so wäre Ihr Weg, unendlich verkürzt, vielleicht ganz überflüssig gemacht worden. Schon in die erste Anschauung der Dinge hätten Sie dann die Form des Nothwendigen aufgenommen, und mit Ihren ersten Erfahrungen hätte sich der große Styl in Ihnen entwickelt. Nun, da Sie ein Deutscher geboren sind, da Ihr griechischer Geist in diese nordische Schöpfung geworfen wurde, so blieb Ihnen keine andere Wahl, als entweder selbst zum nordischen Künstler zu werden, oder Ihrer Imagination das, was ihr die Wirklichkeit vorenthielt, durch Nachhülfe der Denkkraft zu ersetzen, und so gleichsam von innen heraus und auf einem rationalen Wege ein Griechenland zu gebären. In derjenigen Lebensepoche, wo die Seele sich aus der äußern Welt ihre innere bildet, von mangelhaften Gestalten umringt, hatten Sie schon eine wilde und nordische Natur in sich aufgenommen, als Ihr siegendes, seinem Material überlegenes Genie diesen Mangel von innen entdeckte, und von außen her durch die Bekanntschaft mit der griechischen Natur[3] davon vergewissert wurde. Jetzt mußten Sie die alte, Ihrer Einbildungskraft schon aufgedrungene schlechtere Natur nach dem besseren Muster, das Ihr bildender Geist sich erschuf, corrigiren, und das kann nun freilich nicht anders als nach leitenden Begriffen von Statten gehen. Aber diese logische Richtung, welche der Geist der Reflexion zu nehmen genöthigt ist, verträgt sich nicht wohl mit der ästhetischen, durch welche allein er bildet. Sie haben also eine Arbeit mehr : denn so wie Sie von der Anschauung zur Abstraction übergingen, so mußten Sie nun rückwärts Begriffe

---

1. D'après Homère, Achille aima mieux se couvrir de gloire sous les murs de Troie et mourir d'une mort prématurée que de vieillir obscurément dans sa patrie.

2. Phthie, ancienne ville de la Thessalie, dans la Phthiotide, dont elle était la capitale. C'est là que régna Pélée et que naquit Achille.

3. Allusion au séjour de Gœthe en Italie (1786-1788). Le génie de l'homme du Nord s'épura, se disciplina dans le pays du soleil ; la vue des merveilles de la nature et de l'art lui inspira des chefs-d'œuvre où le génie allemand et le génie grec se fondent de la manière la plus heureuse.

wieder in Intuitionen [1] umwandeln, und Gedanken in Gefühle verwandeln, weil nur durch diese das Genie hervorbringen kann.

So ungefähr beurtheile ich den Gang Ihres Geistes, und ob ich Recht habe, werden Sie selbst am besten wissen. Was Sie aber schwerlich wissen können (weil das Genie sich immer selbst das größte Geheimniß bleibt), ist die schöne Uebereinstimmung Ihres philosophischen Instinctes mit den reinsten Resultaten der speculirenden Vernunft. Beim ersten Anblicke zwar scheint es, als könnte es keine größeren Opposita geben, als den speculativen Geist, der von der Einheit, und den intuitiven [2], der von der Mannigfaltigkeit ausgeht. Sucht aber der erste mit keuschem und treuem Sinn [3] die Erfahrung, und sucht der letzte mit selbstthätiger freier Denkkraft das Gesetz, so kann es gar nicht fehlen, daß nicht beide einander auf halbem Wege begegnen werden. Zwar hat der intuitive Geist nur mit Individuen und der speculative nur mit Gattungen zu thun. Ist aber der intuitive genialisch [4], und sucht er in dem Empirischen [5] den Charakter der Nothwendigkeit auf, so wird er zwar immer Individuen, aber mit dem Charakter der Gattung erzeugen; und ist der speculative Geist genialisch, und verliert er, indem er sich darüber erhebt, die Erfahrung nicht, so wird er zwar immer nur Gattungen, aber mit der Möglichkeit des Lebens und mit gegründeter Beziehung auf wirkliche Objecte erzeugen.

Aber ich bemerke, daß ich anstatt eines Briefes eine Abhandlung zu schreiben im Begriff bin — verzeihen Sie es dem lebhaften Interesse, womit dieser Gegenstand mich erfüllt hat; und sollten Sie Ihr Bild in diesem Spiegel nicht erkennen, so bitte ich sehr, fliehen Sie ihn darum nicht.

Meine Freunde so wie meine Frau empfehlen sich Ihrem gütigen Andenken, und ich verharre hochachtungsvoll

Ihr gehorsamster Diener
Fr. Schiller.

---

1. Schiller parle en véritable disciple de Kant. Dans le système de ce philosophe, l'*intuition* est la représentation particulière d'un objet, formée dans l'esprit par la sensation ; elle est opposée au *concept*, par lequel le maître entend toute idée qui est générale sans être absolue.

2. L'esprit *spéculatif* est celui qui s'attache à la théorie, sans s'occuper de la pratique ; l'esprit intuitif est celui qui perçoit les objets comme par une vue immédiate.

3. Mit keuschem und treuem Sinn, naïvement et sincèrement.

4. Genialisch, créateur.

5. In dem Empirischen, dans l'empirisme, c'est-à-dire dans les choses que nous connaissons par l'expérience seule.

IV

Gœthe s'applaudit de voir s'ouvrir, grâce à l'amitié de Schiller, une
ère nouvelle dans son existence.

Zu meinem Geburtstag[1], der mir diese Woche erscheint, hätte
mir kein angenehmeres Geschenk werden können als Ihr Brief, in
welchem Sie mit freundschaftlicher Hand die Summe meiner Existenz
ziehen[2] und mich durch Ihre Theilnahme zu einem emsigern und
lebhaftern Gebrauch meiner Kräfte aufmuntern.

Reiner Genuß und wahrer Nutzen kann nur wechselseitig sein,
und ich freue mich, Ihnen gelegentlich zu entwickeln : was mir Ihre
Unterhaltung gewährt hat, wie ich von jenen Tagen an auch eine
Epoche rechne[3], und wie zufrieden ich bin, ohne sonderliche Aufmun-
terung, auf meinem Wege fortgegangen zu sein, da es nun scheint
als wenn wir, nach einem so unvermutheten Begegnen, mit einander
fortwandern müßten. Ich habe den redlichen und so seltenen Ernst
der in allem erscheint was Sie geschrieben und gethan haben, immer
zu schätzen gewußt, und ich darf nunmehr Anspruch machen, durch
Sie selbst mit dem Gange Ihres Geistes, besonders in den letzten
Jahren, bekannt zu werden. Haben wir uns wechselseitig die Punkte
klar gemacht, wohin wir gegenwärtig gelangt sind, so werden wir
desto ununterbrochener gemeinschaftlich arbeiten können.

Alles was an und in mir ist werde ich mit Freuden mittheilen.
Denn da ich sehr lebhaft fühle, daß mein Unternehmen das Maß
der menschlichen Kräfte und ihre irdische Dauer weit übersteigt, so
möchte ich manches bei Ihnen deponiren, und dadurch nicht allein
erhalten, sondern auch beleben.

Wie groß der Vortheil Ihrer Theilnehmung für mich sein wird,
werden Sie bald selbst sehen, wenn Sie, bei näherer Bekanntschaft,
eine Art Dunkelheit und Zaudern bei mir entdecken, über die ich
nicht Herr werden kann, wenn ich mich ihrer gleich deutlich bewußt

----

1. Gœthe était né le 28 août 1749.

2. Zu welchem... ziehen, dans laquelle vous résumez en ami toute mon existence.

3. En écrivant à son ami Meyer et à Mme de Kalb, Gœthe revient souvent sur
cette ère nouvelle, sur ce réveil de ses facultés engourdies, qui date de l'origine de
ses relations avec Schiller.

bin. Doch dergleichen Phänomene finden sich mehr in unserer Natur, von der wir uns denn doch gerne regieren lassen, wenn sie nur nicht gar zu tyrannisch ist.

Ich hoffe bald einige Zeit bei Ihnen zuzubringen, und dann wollen wir manches durchsprechen.

Leben Sie recht wohl und gedenken mein in Ihrem Kreise[1].

Goethe.

Ettersburg, den 27. August 1794.

V

Schiller se peint lui-même pour répondre au vœu de son ami.

Jena, den 31. August 1794.

Bei meiner Zurückkunft aus Weißenfels[2], wo ich mit meinem Freunde Körner[3] aus Dresden eine Zusammenkunft gehabt, erhielt ich Ihren vorletzten Brief, dessen Inhalt mir doppelt erfreulich war; denn ich ersehe daraus, daß ich in der Ansicht Ihres Wesens Ihrem eignen Willen begegnete, und daß Ihnen die Aufrichtigkeit, mit der ich mein Herz darin sprechen ließ, nicht mißfiel. Unsre späte, aber mir manche schöne Hoffnung erweckende Bekanntschaft ist mir abermals ein Beweis, wie viel besser man oft thut, den Zufall machen zu lassen, als ihm durch zu viele Geschäftigkeit vorzugreifen.

------

1. Après avoir reçu cette lettre, Schiller écrit à son ami Kœrner, le 1er septembre 1794 : « Depuis mon retour, j'ai trouvé ici une lettre toute cordiale de Gœthe, qui s'ouvre enfin à moi avec confiance. Il y a six semaines, nous avions eu un long entretien sur l'art, sur la théorie de l'art, et nous nous étions communiqué les idées principales auxquelles nous étions arrivés par des voies toutes différentes. Il se trouva entre ces idées un accord inattendu ; et cet accord était d'autant plus intéressant pour nous que nous étions partis de points de vue absolument contraires. Chacun de nous pouvait compléter par ses dons ce qui manquait à l'autre, et recevoir en échange ce qui lui manquait à lui-même. Depuis lors, toutes ces idées semées dans nos entretiens, ont pris racine chez Gœthe, et il sent aujourd'hui le besoin de s'attacher à moi, afin de poursuivre en commun la route qu'il a suivie jusqu'ici tout seul, sans qu'une voix amie stimulât son ardeur. Je me réjouis d'un échange d'idées qui sera si fécond pour moi. » (Traduction de M. Saint-René Taillandier.)

2. Weißenfels, ville de la province de Saxe (Prusse), sur la Saale, à 20 kilomètres S. de Mersbourg.

3. Körner, l'ami des mauvais jours, dont le dévouement et les sages conseils ne firent jamais défaut à Schiller.

Wie lebhaft auch immer mein Verlangen war, in ein näheres Verhältniß zu Ihnen zu treten, als zwischen dem Geist des Schriftstellers und seinem aufmerksamsten Leser möglich ist, so begreife ich doch nunmehr vollkommen, daß die so sehr verschiedenen Bahnen, auf denen Sie und ich wandelten, uns nicht wohl früher, als gerade jetzt, mit Nutzen zusammen führen konnten. Nun kann ich aber hoffen, daß wir, so viel vom Wege noch übrig sein mag, in Gemeinschaft durchwandeln werden, und mit um so größerm Gewinn, da die letzten Gefährten auf einer langen Reise sich immer am meisten zu sagen haben.

Erwarten Sie bei mir keinen großen materialen Reichthum von Ideen; dieß ist es was ich bei Ihnen finden werde. Mein Bedürfniß und Streben ist, aus wenigem viel zu machen, und wenn Sie meine Armuth an Allem was man erworbene Kenntniß nennt, einmal näher kennen sollten, so finden Sie vielleicht, daß es mir in manchen Stücken damit mag gelungen sein. Weil mein Gedankenkreis kleiner ist, so durchlaufe ich ihn eben darum schneller und öfter, und kann eben darum meine kleine Baarschaft besser nutzen, und eine Mannigfaltigkeit, die dem Inhalte fehlt, durch die Form erzeugen. Sie bestreben sich Ihre große Ideenwelt zu simplificiren, ich suche Varietät für meine kleinen Besitzungen. Sie haben ein Königreich zu regieren, ich nur eine etwas zahlreiche Familie von Begriffen, die ich herzlich gern zu einer kleinen Welt erweitern möchte.

Ihr Geist wirkt in einem außerordentlichen Grade intuitiv, und alle Ihre denkenden Kräfte scheinen auf die Imagination, als ihre gemeinschaftliche Repräsentantin, gleichsam compromittirt zu haben[1]. Im Grund ist dieß das höchste, was der Mensch aus sich machen kann, sobald es ihm gelingt, seine Anschauung zu generalisiren und seine Empfindung gesetzgebend zu machen[2]. Darnach streben Sie, und in wie hohem Grade haben Sie es schon erreicht! Mein Verstand wirkt eigentlich mehr symbolisirend, und so schwebe ich, als eine Zwitterart, zwischen dem Begriff und der Anschauung, zwischen der Regel und der Empfindung, zwischen dem technischen Kopf und dem

---

1. Scheinen... zu haben, semblent, par une sorte de compromis, s'être concentrées dans l'imagination, qui les représente toutes.
2. Seine Empfindung gesetzgebend machen, ériger ses sentiments en loi.

1.

Genie. Dieß ist es, was mir, besonders in frühern Jahren, sowohl auf dem Felde der Speculation als der Dichtkunst ein ziemlich linkisches Ansehen gegeben; denn gewöhnlich übereilte mich der Poet, wo ich philosophiren sollte, und der philosophische Geist, wo ich dichten wollte. Noch jetzt begegnet es mir häufig genug, daß die Einbildungskraft meine Abstractionen, und der kalte Verstand meine Dichtung stört. Kann ich dieser beiden Kräfte in so weit Meister werden, daß ich einer jeden durch meine Freiheit ihre Gränzen bestimmen kann, so erwartet mich noch ein schönes Loos; leider aber, nachdem ich meine moralischen Kräfte recht zu kennen und zu gebrauchen angefangen, droht eine Krankheit meine physischen zu untergraben [1]. Eine große und allgemeine Geistesrevolution werde ich schwerlich Zeit haben in mir zu vollenden, aber ich werde thun was ich kann, und wenn endlich das Gebäude zusammenfällt, so habe ich doch vielleicht das Erhaltungswerthe aus dem Brande geflüchtet.

Sie wollten, daß ich von mir selbst reden sollte, und ich mache von dieser Erlaubniß Gebrauch. Mit Vertrauen lege ich Ihnen diese Geständnisse hin, und ich darf hoffen, daß Sie sie mit Liebe aufnehmen.

Alles bei uns empfiehlt sich Ihrem freundschaftlichen Andenken, und ich bin mit der herzlichsten Verehrung der Ihrige.

Schiller.

VI

L'accord est complet entre les deux poètes. — Gœthe invite son ami
à venir passer quinze jours à Weimar.

Weimar, den 4. September 1794.

Die mir übersendeten Manuscripte sowohl als das Bruchstück der Entwicklung des Erhabenen [2] habe ich mit viel Vergnügen gelesen

---

1. Ce triste pressentiment d'une fin prématurée ne devait se réaliser que trop tôt. Depuis 1791 Schiller souffrait d'une maladie de poitrine, qui l'enleva, quatorze ans plus tard, au moment où son génie était dans son plein épanouissement.

2. L'*Essai sur le sublime* est une etude de dix-huit pages, que Schiller avait insérée dans la 3ᵉ livraison de la *Thalie* de l'année 1793.

und mich daraus auf's neue überzeugt, daß uns nicht allein dieselben Gegenstände interessiren, sondern daß wir auch in der Art sie anzusehen meistens übereinkommen. Ueber alle Hauptpunkte, sehe ich, sind wir einig, und was die Abweichungen der Standpunkte, der Verbindungsart, des Ausdrucks betrifft, so zeugen diese von dem Reichthum des Objects und der ihm correspondirenden Mannigfaltigkeit der Subjecte. Ich würde Sie nun ersuchen : mir nach und nach alles, was Sie über diese Materie schon geschrieben und drucken lassen, mitzutheilen, damit man ohne Zeitverlust das Vergangene nachholte.

Dabei hätte ich Ihnen einen Vorschlag zu thun : nächste Woche geht der Hof nach Eisenach [1], und ich werde vierzehn Tage so allein und unabhängig sein, als ich sobald nicht wieder vor mir sehe. Wollten Sie mich nicht in dieser Zeit besuchen? bei mir wohnen und bleiben? Sie würden jede Art von Arbeit ruhig vornehmen können. Wir besprächen uns in bequemen Stunden [2], sähen Freunde die uns am ähnlichsten gesinnt wären, und würden nicht ohne Nutzen scheiden. Sie sollten ganz nach Ihrer Art und Weise leben, und sich wie zu Hause möglichst einrichten. Dadurch würde ich in den Stand gesetzt, Ihnen von meinen Sammlungen [3] das Wichtigste zu zeigen, und mehrere Fäden [4] würden sich zwischen uns anknüpfen. Vom vierzehnten an würden Sie mich zu Ihrer Aufnahme bereit finden.

Bis dahin verspare ich so manches das ich zu sagen habe, und wünsche indessen recht wohl zu leben.

Goethe.

---

1. Eisenach, ville du grand-duché de Saxe-Weimar, sur la Neisse, à 77 kilomètres O. de Weimar.

2. In bequemen Stunden (à des heures commodes), aux heures qui vous conviendraient.

3. Il s'agit des riches collections de plantes et de minéraux qu'avait formées Gœthe.

4. Fäden = Bande, liens.

VII

Schiller accepte l'invitation de Gœthe. — Il lui apportera quelques-
uns de ses opuscules sur l'esthétique.

Jena, den 7. September 1794.

Mit Freuden [1] nehme ich Ihre gütige Einladung nach W. an,
doch mit der ernstlichen Bitte, daß Sie in keinem einzigen Stück
Ihrer häuslichen Ordnung auf mich rechnen mögen, denn leider
nöthigen mich meine Krämpfe gewöhnlich, den ganzen Morgen dem
Schlaf zu widmen, weil sie mir des Nachts keine Ruhe lassen, und
überhaupt wird es mir nie so gut, auch den Tag über auf eine
bestimmte Stunde sicher zählen zu dürfen. Sie werden mir also
erlauben, mich in Ihrem Hause als einen völlig Fremden zu be=
trachten, auf den nicht geachtet wird, und dadurch, daß ich mich ganz
isolire, der Verlegenheit [2] zu entgehen, jemand anders von meinem
Befinden abhängen zu lassen. Die Ordnung [3], die jedem andern
Menschen wohl macht, ist mein gefährlichster Feind, denn ich darf
nur in einer bestimmten Zeit etwas Bestimmtes vornehmen müssen,
so bin ich sicher, daß es mir nicht möglich sein wird.

Entschuldigen Sie diese Präliminarien, die ich nothwendigerweise
vorhergehen lassen mußte, um meine Existenz bei Ihnen auch nur
möglich zu machen. Ich bitte bloß um die leidige Freiheit, bei Ihnen
krank sein zu dürfen.

Schon ging ich damit um [4], Ihnen einen Aufenthalt in meinem
Hause anzubieten, als ich Ihre Einladung erhielt. Meine Frau [5] ist
auf drei Wochen mit dem Kinde nach Rudolstadt [6], um den Blattern
auszuweichen, die Hr. v. Humboldt [7] seinen Kleinen inoculiren ließ.

---

1. Le 29 septembre, Schiller écrivait à Kœrner : « Je suis enchanté de ce séjour
à Weimar, et je crois sentir qu'il a exercé sur moi une influence profonde. »
2. Die Verlegenheit (l'embarras), l'ennui, l'inconvénient.
3. Ordnung = Regelmäßigkeit.
4. Ich ging damit um..., j'avais l'intention (de...), je songeais (à...).
5. Schiller avait épousé Charlotte de Lengefeld en 1790.
6. Rudolstadt, sur la Saale, à 30 kilomètres S. de Weimar. C'était la ville natale
de la femme de Schiller.
7. Guillaume de Humboldt allait accompagner Schiller à Weimar et y séjourner
avec lui.

Ich bin ganz allein und könnte Ihnen eine bequeme Wohnung ein=
räumen. Außer Humboldt sehe ich selten jemand, und seit langer
Zeit kommt keine Metaphysik über meine Schwelle [1].

Da Sie doch einmal jenes Bruchstück von mir über das Erhabene
gelesen haben, so lege ich hier den Anfang bei, wo Si vielleicht einige
Ideen finden, die über den ästhetischen Ausdruck der Leidenschaft
etwas bestimmen können. Einige frühere Aufsätze von mir über ästhe=
tische Gegenstände befriedigen mich nicht genug, um sie Ihnen vor=
zulegen, und einige spätere, die noch ungedruckt sind, werde ich mit=
bringen [2]. Vielleicht interessirt Sie eine Recension von mir über
Matthissons [3] Gedichte in der A. L. Z. [4] die in dieser Woche wird
ausgegeben werden. Bei der Anarchie, welche noch immer in der poe=
tischen Kritik herrscht, und bei dem gänzlichen Mangel objectiver
Geschmacksgesetze befindet sich der Kunstrichter immer in großer
Verlegenheit, wenn er seine Behauptung durch Gründe unterstützen
will; denn kein Gesetzbuch ist da, worauf er sich berufen könnte.
Will er ehrlich sein, so muß er entweder gar schweigen, oder er muß
(was man auch nicht immer gerne hat) zugleich der Gesetzgeber und
der Richter sein. Ich habe in jener Recension die letzte Partei ergrif=
fen, und mit welchem Rechte oder Glück, das möchte ich von Ihnen
hören.

Ich erhalte so eben die Recension und lege sie bei.

Fr. Schiller.

---

1. La métaphysique, personnifiée par Fichte, qui venait de se brouiller avec
Schiller.

2. Rappelons que les principales œuvres esthétiques de Schiller sont : *Sur la
Grâce et la Dignité, Lettres sur l'éducation esthétique de l'homme, Sur la poésie
naïve et sentimentale, Sur le Sublime.*

3. Matthisson (1761-1831), poète mélancolique et sentimental, qui fut surfait par
Schiller et battu en brèche par l'école romantique. — Dans la critique dont il est
question ici, Schiller insiste particulièrement sur le talent qu'avait Matthisson de
peindre un paysage en quelque traits.

4. A. L. Z. = Allgemeine Litteratur=Zeitung, revue littéraire qui avait été
fondée en 1785.

1795

VIII

Souhaits de bonne année. — Schiller voudrait lire la suite de *Wilhelm Meister* et quelques scènes de *Faust.*

Jena, den 2. Januar 1795.

Meine besten Wünsche zu dem neuen Jahre, und noch einen herzlichen Dank für das verflossene, das mir durch Ihre Freundschaft vor allen übrigen ausgezeichnet und unvergeßlich ist.

Ich habe es mit vielem Fleiße beschlossen, und um etwas vollendet zu haben, wenn Sie kommen, habe ich mir in diesen letzten Tagen etwas zugemuthet [1]. Nun bin ich mit dieser Arbeit zu Ende, und sie kann Ihnen, wenn Sie kommen, vorgelegt werden.

Auf die Fortsetzung Meisters [2], die Sie doch auch mitbringen werden, freue ich mich gar sehr, und ich kann sie jetzt recht genießen, da ich nach einer individuellen Darstellung ordentlich lechze [3].

Möchten Sie uns doch einige Scenen aus dem Faust [4] noch zu hören geben. Frau von Kalb [5], die etwas davon wußte, hat mich neuerdings äußerst begierig darnach gemacht, und ich wüßte nicht, was mir in der ganzen dichterischen Welt jetzt mehr Freude machen könnte.

---

1. Ich habe mir etwas zugemuthet, j'ai fait un petit effort, je me suis un peu surmené.

2. *Les Années d'apprentissage de Wilhelm Meister*, curieux tableau de la vie humaine, inspiré par la société du xviii⁰ siècle. Les six premiers livres de ce roman étaient écrits dès 1785, avant le voyage de Gœthe en Italie; mais l'ouvrage entier ne parut qu'en 1796.

3. Jetzt, da ich... lechze, maintenant que je soupire véritablement après quelque peinture objective. A cette époque, Schiller était absorbé par la composition des *Lettres sur l'éducation esthétique de l'homme;* il lui tardait de quitter les régions abstraites de la philosophie pour rentrer dans le domaine de l'imagination. -

4. Gœthe avait fait imprimer en 1790, sous le titre de *Fragment*, les parties de son drame qui étaient achevées; le premier *Faust* complet ne fut publié qu'en 1808.

5. Madame de Kalb (1761-1843), grande amie de Schiller et admiratrice éclairée de son génie, a exercé une heureuse influence sur l'esprit de ce poète. Elle est, à certains égards, le pendant de madame de Stein, l'amie de Gœthe.

Ich hoffe in einigen Tagen entweder Sie selbst zu sehen, oder doch von der Zeit Ihrer Ankunft Nachricht zu erhalten.

Alles empfiehlt sich Ihnen auf's Beste.

Schiller.

IX

Réponse de Gœthe aux vœux de Schiller.

Weimar, den 3. Januar 1795.

Viel Glück zum neuen Jahre! Lassen Sie uns dieses zubringen wie wir das vorige geendigt haben, mit wechselseitiger Theilnahme an dem was wir lieben und treiben. Wenn sich die Gleichgesinnten nicht anfassen, was soll aus der Gesellschaft und der Geselligkeit werden! Ich freue mich in der Hoffnung, daß Einwirkung und Vertrauen sich zwischen uns immer vermehren werden.

Hier der erste Band des Romans[1]. Das zweite Exemplar für Humboldt. Möge das zweite Buch Ihnen wie das erste Freude machen. Das dritte bringe ich im Manuscript mit...

Goethe.

X

Mauvaise santé de Schiller. — *Wilhelm Meister*. — Ce livre jugé par Kœrner. — Schiller refuse une chaire à l'université de Tubingue.

Jena, den 19. Februar 1795.

Das elende Wetter hat wieder allen meinen Muth mit fortgenommen, und meine Thürschwelle ist wieder die alte Gränze meiner Wünsche und meiner Wanderschaft. Wie gern will ich von Ihrer Einladung Gebrauch machen, sobald ich meiner Gesundheit ein wenig trauen kann, sollte ich Sie auch nur auf etliche Stunden sehen. Mich verlangt herzlich darnach, und meine Frau, die sich sehr auf

---

1. *Wilhelm Meister*.

diesen Besuch bei Ihnen freut, wird mir keine Ruhe lassen ihn aus=
zuführen.

Ich gab Ihnen neulich treu den Eindruck zurück, den Wilhelm
Meister auf mich machte[1], und es ist also, wie billig, Ihr eigenes
Feuer, an dem Sie sich wärmen. Körner schrieb mir vor einigen
Tagen mit unendlicher Zufriedenheit davon, und auf sein Urtheil
ist zu bauen. Nie habe ich einen Kunstrichter gefunden, der sich durch
die Nebenwerke an einem poetischen Product so wenig von dem
Hauptwerke abziehen ließe. Er findet in W. Meister alle Kraft
aus Werthers Leiden[2], nur gebändigt durch einen männlichen
Geist, und zu der ruhigen Anmuth eines vollendeten Kunstwerkes
geläutert...

Weil doch eben vom Schicksal die Rede ist, so muß ich Ihnen
sagen, daß ich dieser Tage auch über mein Schicksal etwas ent=
schieden habe. Meine Landsleute haben mir die Ehre angethan, mich
nach Tübingen[3] zu vociren, wo man sich jetzt sehr mit Reformen
zu beschäftigen scheint. Aber da ich doch einmal zum akademischen
Lehrer und rauchbar gemacht bin, so will ich lieber hier in Jena, wo
ich gern bin und wo möglich leben und sterben will, als irgend an=
derswo müßig gehen. Ich hab' es also ausgeschlagen, und mache mir
daraus kein Verdienst; denn meine Neigung entschied schon allein
die ganze Sache, so daß ich gar nicht nöthig hatte, mich der Verbind=
lichkeiten zu erinnern, die ich unserm guten Herzog schuldig bin,
und die ich ihm am liebsten vor allen andern schuldig sein mag. Für
meine Existenz glaube ich nichts besorgen zu dürfen, so lange ich noch
einigermaßen die Feder führen kann, und so lasse ich den Himmel
walten, der mich noch nie verlassen hat.

Herzlich empfehlen wir uns alle Ihrem Andenken.

Schiller.

---

1. Schiller a peut-être jugé ce roman avec une indulgence excessive ; mais il ne
faut pas oublier que c'est la lecture de *Wilhelm Meister* qui l'a fait rentrer dans le
monde réel et l'a ramené à la poésie.

2. *Les souffrances du jeune Werther* (1774), œuvre puissante dans laquelle Gœthe
a peint l'Allemagne intellectuelle et morale de la fin du xviiie siècle.

3. Tubingue, dans le Wurtemberg, possède encore aujourd'hui une université
importante.

XI

Heureuse influence des lettres de Gœthe. — La netteté de la pensée
est la première condition de la facilité. — L'*Essai sur les fictions*,
par madame de Staël. — Le *Partage de la terre*.

Den 16. October 1795.

Hätte ich vermuthen können, daß Sie länger in Eisenach[1] bleiben
würden, so würde ich es nicht so lange haben anstehen lassen, Ihnen
zu schreiben. Es ist mir in der That lieb Sie noch ferne von den
Händeln am Main[2] zu wissen. Es kommt mir oft wunderlich vor,
mir Sie so in die Welt hinein geworfen zu denken, indem ich zwi=
schen meinen papiernen Fensterscheiben sitze, und auch nur Papier
vor mir habe, und daß wir uns doch nahe sein und einander ver=
stehen können.

Ihr Brief von Weimar hat mir große Freude gemacht. Es gibt
gegen eine Stunde des Muthes und Vertrauens immer zehn, wo ich
kleinmüthig bin und nicht weiß was ich von mir denken soll. Da
kommt mir eine solche Anschauung meiner selbst außer mir recht
zum Troste. Auch Herder hat mir über meine Gedichte kürzlich viel
erfreuendes[3] geschrieben.

So viel habe ich nun aus gewisser Erfahrung, daß nur strenge
Bestimmtheit der Gedanken zu einer Leichtigkeit verhilft. Sonst
glaubte ich das Gegentheil und fürchtete Härte und Steifigkeit. Ich
bin jetzt in der That froh, daß ich mir es nicht habe verdrießen
lassen, einen sauren Weg einzuschlagen, den ich oft für die poetisi=
rende Einbildungskraft verderblich hielt[4]. Aber freilich spannt
diese Thätigkeit sehr an, denn wenn der Philosoph seine Einbil=
dungskraft und der Dichter seine Abstractionskraft ruhen lassen
darf, so muß ich, bei dieser Art von Productionen, diese beiden Kräfte

---

1. Voir page 11, note 1.

2. Allusion à la guerre que la France soutenait contre les coalisés. Pichegru,
mis par la Convention à la tête de l'armée du Rhin-et-Moselle, venait de faire sa
jonction avec Jourdan dans la vallée du Mein (septembre 1795).

3. Erfreuendes = Schmeichelhaftes.

4. Ich bin jetzt... hielt, je suis bien aise maintenant de ne m'être pas laissé re-
buter par les fatigues d'une route pénible, qui souvent me paraissait funeste
pour l'inspiration poétique.

immer in gleicher Anspannung erhalten[1], und nur durch eine ewige
Bewegung in mir kann ich die zwei heterogenen Elemente in einer
Art von Solution[2] erhalten.

Den Stael'schen Bogen[3] seh'ich mit vieler Erwartung entgegen.
Wenn es irgend der Raum erlaubt, so bin ich auch dafür, sogleich
das Ganze in ein Stück zu setzen. Meine Bemerkungen[4] bringe ich
alsdann in dem nächsten Stücke nach. Der Leser hat unterdessen die
seinigen darüber angestellt, und hört mir mit mehr Interesse zu...
Herder hat für das eilfte Stück auch einen Aufsatz über die Grazien
geschickt, in welchem er diese mißbrauchten Gestalten in ihre alten
Rechte zu restituiren sucht. Er verspricht noch einen Aufsatz für das
zwölfte Stück. Ich hoffe mit der Abhandlung über das Naive[5], die
nur etliche Bogen stark wird, und, wie ich denke, sehr populär geschrieben ist, noch für das eilfte Stück fertig zu werden. An kleinen
poetischen Zugaben fehlt es auch nicht. Hier erhalten Sie einige
Schnurren von mir. Die Theilung der Erde[6] hätten Sie billig
in Frankfurt auf der Zeile[7] vom Fenster aus le en sollen, wo eigentlich das Terrain dazu ist. Wenn sie Ihnen Spaß macht, so lesen
Sie sie dem Herzog vor.

Daß Sie den Meister bald vornehmen wollen, ist mir sehr lieb.
Ich werde dann nicht säumen mich des Ganzen zu bemächtigen, und
wenn es mir möglich ist, so will ich eine neue Art von Kritik, nach
einer genetischen Methode[8], dabei versuchen, wenn diese anders[9],
wie ich jetzt noch nicht präcis zu sagen weiß, etwas Mögliches ist.

---

1. In gleicher Anspannung erhalten (maintenir dans une tension égale), faire
marcher de pair.

2. In einer Art von Solution, dans un état de fusion relative.

3. C'est-à-dire l'*Essai sur les fictions*, par Mme de Stael, dont la traduction
parut dans la seconde livraison des *Heures*, année 1795.

4. Les remarques promises par Schiller n'ont pas été publiées.

5. Le traité sur *le Naïf* est le commencement de l'étude intitulée *Sur la Poésie
naïve et sentimentale*.

6. Petit poème allégorique bien connu : Jupiter a distribué la terre aux humains;
comme il n'a plus de lot à donner au poète, arrivé quand le partage est fait, i
consent à le laisser vivre avec lui dans le ciel.

7. La Zeile, la plus grande et la plus belle rue de Francfort, non loin de laquelle
est le Große Hirschgraben, ou se trouve la maison natale de Gœthe.

8. Nach... Methode, fondée sur une méthode *génésiaque*, c'est-à-dire sur l'étude
des différentes phases de la création du livre.

9. Wenn anders, si toutefois.

Meine Frau und meine Schwiegermutter, die gegenwärtig hier ist, empfehlen sich Ihnen auf's beste. Es ist hier bei mir angefragt worden, wo Sie gegenwärtig wären, ich habe aber unnöthig gefunden es zu sagen. Erhalten Sie Nachrichten von unserm italiänischen Wanderer[1], so bitte ich sie mir auch mitzutheilen.

Leben Sie recht wohl.

Schiller.

1797

XII

Remarques sur *Faust.*

Jena, den 26. Juni 1797.

Den Faust habe ich nun wieder gelesen und mir schwindelt ordentlich vor der Auflösung. Dieß ist indeß sehr natürlich, denn die Sache beruht auf einer Anschauung, und so lang man die nicht hat, muß ein selbst nicht so reicher Stoff den Verstand in Verlegenheit setzen. Was mich daran ängstigt ist, daß mir der Faust seiner Anlage nach auch eine Totalität der Materie nach zu erfordern scheint, wenn am Ende die Idee ausgeführt erscheinen soll, und für eine so hoch aufquellende Masse finde ich keinen poetischen Reif der sie zusammenhält. Nun, Sie werden sich schon zu helfen wissen.

Zum Beispiel: es gebörte sich, meines Bedünkens, daß der Faust in das handelnde[2] Leben geführet würde, und welches Stück Sie auch aus dieser Masse erwählen, so scheint es mir immer durch seine Natur eine zu große Umständlichkeit und Breite zu erfordern.

In Rücksicht auf die Behandlung finde ich die große Schwierigkeit, zwischen dem Spaß und dem Ernst glücklich durchzukommen. Verstand und Vernunft scheinen mir in diesem Stoff auf Tod und Leben mit einander zu ringen. Bei der jetzigen fragmentarischen Gestalt des

---

1. Il s'agit de Louis Meyer, peintre suisse, que Gœthe avait rencontré à Rome en 1786, et avec lequel il se lia d'une amitié aussi étroite que durable.

2. C'est ce que Gœthe n'a pas manqué de faire dans la seconde partie de son drame où l'activité du héros de son poème apparaîtra sous les formes les plus variées.

Faust's fühlt man dieses sehr, aber man verweist die Erwartung auf das entwickelte Ganze. Der Teufel behält durch seinen Realismus vor dem Verstand, und der Faust vor dem Herzen Recht. Zuweilen aber scheinen sie ihre Rollen zu tauschen und der Teufel nimmt die Vernunft gegen den Faust in Schutz.

Eine Schwierigkeit finde ich auch darin, daß der Teufel durch seinen Charakter, der realistisch ist, seine Existenz, die idealistisch ist, aufhebt. Die Vernunft nur kann ihn glauben, und der Verstand [1] nur kann ihn so, wie er da ist, gelten lassen und begreifen.

Ich bin überhaupt sehr erwartend, wie die Volksfabel sich dem philosophischen Theil des Ganzen anschmiegen wird [2].

Hier sende ich meine Ballade. Es ist ein Gegenstück zu Ihren Kranichen [3]. Schreiben Sie mir doch wie es um's Barometer steht; ich wünschte zu wissen, ob wir endlich dauerhaftes Wetter hoffen können. Leben Sie recht wohl.

Schiller.

XIII

L'Anneau de Polycrate. — Comment Gœthe compte achever le drame de *Faust.*

Weimar, den 27. Juni 1797.

Der Ring des Polykrates [4] ist sehr gut dargestellt. Der königliche Freund, vor dessen, wie vor des Zuhörers, Augen alles geschieht, und der Schluß der die Erfüllung in Suspenso läßt, alles ist sehr gut. Ich wünsche daß mir mein Gegenstück eben so gerathen

1. « Il y a ici une opposition entre la raison (Vernunft) et le bon sens (Verstand), la raison étant considérée comme la faculté de l'infini, de l'idéal, — et le bon sens comme la faculté inférieure qui ne connait que la réalité. » (Note de M. Saint-René Taillandier.)

2. Dans le second *Faust* il n'y a plus que le nom du principal personnage et l'épisode d'Hélène qui rappellent la légende populaire ; tout le reste est de l'invention de Gœthe.

3. Gœthe avait songé à traiter le sujet des *Grues d'Ibycus* et s'était déjà mis à l'œuvre ; mais Schiller avait eu la même idée ; Gœthe renonça volontiers à son droit de priorité en faveur de son ami, et le recueil des poésies de Schiller s'enrichit d'un chef-d'œuvre de plus.

4. Une des meilleures ballades de Schiller.

möge! Ihre Bemerkungen zu Fauſt waren mir ſehr erfreulich, ſie treffen wie es natürlich war, mit meinen Vorſätzen und Planen recht gut zuſammen, nur daß ich mir's bei dieſer barbariſchen Compoſition bequemer mache und die höchſten Forderungen mehr zu berühren als zu erfüllen denke [1]. So werden wohl Verſtand und Vernunft, wie zwei Klopffechter, ſich grimmig herumſchlagen, um Abends zuſammen freundſchaftlich auszuruhen. Ich werde ſorgen daß die Theile anmuthig und unterhaltend ſind, und etwas denken laſſen; bei dem Ganzen, das immer ein Fragment bleiben wird, mag mir die neue Theorie des epiſchen Gedichts zu ſtatten kommen.

Das Barometer iſt in ſteter Bewegung; wir können uns in dieſer Jahreszeit keine beſtändige Witterung verſprechen. Man empfindet dieſe Unbequemlichkeit nicht eher als bis man Anforderungen an eine reine Exiſtenz in freier Luft macht; der Herbſt iſt immer unſere beſte Zeit.

Leben Sie recht wohl und fahren Sie fleißig fort Ihren Almanach [2] auszuſtatten. Da ich durch meinen Fauſt bei dem Reimweſen gehalten werde, ſo werde ich gewiß auch noch einiges liefern. Es ſcheint mir jetzt auch ausgemacht, daß meine Tiger und Löwen [3] in dieſe Form gehören; ich fürchte nur faſt daß das eigentlich Intereſſante des Sujets ſich zuletzt gar in eine Ballade auflöſen möchte. Wir wollen abwarten an welches Ufer der Genius das Schifflein treibt.

Den Ring ſchicke ich Mittwochs mit den Botenweibern.

Goethe.

----

1. Und... denke, et je compte me borner à effleurer les questions les plus élevées, sans prétendre les résoudre.

2. L'*Almanach des Muses*, publication dont Schiller était l'âme, et à laquelle Gœthe et maints poëtes de mérite apportèrent leur contingent. L'*Almanach* fut créé à la suite de l'insuccès des *Heures* (1796).

3. Ces tigres et ces lions devaient figurer dans un poëme intitulé *la Chasse*, qui resta à l'état de projet.

XIV

An Professor Meyer[1] zu Stäfa[2].

Schiller s'excuse de sa paresse apparente. — *Hermann et Dorothée*,
le chef-d'œuvre de Gœthe.

Jena, den 21. Juli 1797.

Herzlich heißen wir Sie willkommen auf deutschem Boden, lieber Freund. Die Sorge um Sie hat uns oft beunruhigt, und innig freuen wir uns Ihrer zurückkehrenden Gesundheit.

Schämen muß ich mich, daß die erste Zeile von mir Sie schon wieder auf dem Rückweg zu uns antrifft, aber wie viel ich Ihnen auch mündlich zu sagen gehabt hätte, so fand ich doch nichts, was ich über die Berge hätte schicken mögen. Was wir trieben und wie es um uns stand, das erfuhren Sie von unserm Freund, und der wird Ihnen auch gesagt haben, wie sehr Sie uns gegenwärtig waren. Von ihm habe ich mit herzlichem Antheil vernommen, was Sie betrifft, wie trefflich Sie Ihre Zeit benutzten und welche Schätze[3] Sie für uns alle sammelten.

Auch wir waren indeß nicht unthätig, wie Sie wissen, und am wenigsten unser Freund, der sich in diesen letzten Jahren wirklich selbst übertroffen hat. Sein episches Gedicht[4] haben Sie gelesen; Sie werden gestehen, daß es der Gipfel seiner und unserer ganzen neueren Kunst ist. Ich hab' es entstehen sehen und mich fast eben so sehr über die Art und Entstehung[5] als über das Werk verwundert. Während wir andern mühselig sammeln und prüfen müssen, um etwas Leidliches langsam hervorzubringen, darf er nur leise an dem Baume schütteln, um sich die schönsten Früchte, reif und schwer, zufallen zu

---

1. Voir page 19, note 1.
2. Stäfa, petite ville de la Suisse, dans le canton et sur le lac de Zurich, patrie du peintre Meyer.
3. Meyer rapportait de son voyage en Italie des croquis, des dessins, des médailles, des plâtres, des copies de tableaux et de statues.
4. *Hermann et Dorothée*.
5. Jamais Gœthe n'avait été aussi expéditif; il y eut, en 1796, une période de neuf jours pendant laquelle il écrivit journellement plus de cent cinquante hexamètres.

laſſen. Es iſt unglaublich, mit welcher Leichtigkeit er jetzt die Früchte eines wohlangewandten Lebens und einer anhaltenden Bildung an ſich ſelber einerntet, wie bedeutend und ſicher jetzt alle ſeine Schritte ſind, wie ihn die Klarheit über ſich ſelbſt und über die Gegenſtände vor jedem eitlen Streben und Herumtappen bewahrt. Doch Sie haben ihn jetzt ſelbſt, und können ſich von allem dem mit eigenen Augen überzeugen. Sie werden mir aber auch darin beipflichten, daß er auf dem Gipfel, wo er jetzt ſteht, mehr darauf denken muß, die ſchöne Form die er ſich gegeben hat, zur Darſtellung zu bringen als nach neuem Stoffe auszugehen, kurz daß er jetzt ganz der poetiſchen Praktik leben muß[1]. Wenn es einmal einer unter Tauſenden, die darnach ſtreben, dahin gebracht hat, ein ſchönes vollendetes Ganzes aus ſich zu machen, der kann meines Erachtens nichts Beſſeres thun, als dafür jede mögliche Art des Ausdrucks zu ſuchen; denn wie weit er auch noch kommt, er kann doch nichts Höheres geben. — Ich geſtehe daher, daß mir alles, was er bei einem längeren Aufenthalt in Italien für gewiſſe Zwecke[2] auch gewinnen möchte, für ſeinen höchſten und nächſten Zweck[3] doch immer verloren ſcheinen würde. Alſo bewegen Sie ihn auch ſchon deßwegen, lieber Freund, recht bald zurückzukommen[4], und das, was er zu Hauſe hat, nicht zu weit zu ſuchen.

Ich habe die angenehme Hoffnung, vielleicht Sie beide dieſen Winter wieder in der Nähe zu wiſſen, und ſo das alte ſchöne Leben der Mittheilung wieder fortzuſetzen[5]. Meine Geſundheit hat ſich zwar nicht viel gebeſſert, doch auch nicht verſchlimmert, und das iſt ein gutes Zeichen; der Muth und die Luſt[6] ſind geblieben, und der

---

1. « Détournez-le donc, » écrit encore Schiller à Meyer, « du voyage qu'il projette en Italie. Qu'irait-il demander à l'Italie ? L'auteur d'*Hermann et Dorothée* a son Italie en lui-même ; il est au sommet de son art et de toute la poésie moderne. Cette beauté suprême qu'il a conquise, il doit au monde de la produire sous maintes formes. Voilà, désormais, la tâche de sa vie. »

2. C'est-à-dire le besoin de continuer ses études d'histoire naturelle, qu'il avait commencées en Italie, et de compléter son éducation artistique.

3. Ce but, c'est la poésie, la production de nouveaux chefs-d'œuvre.

4. Parti de Weimar, le 30 juillet 1797, Gœthe s'arrêta successivement à Francfort, à Stuttgart, à Tubingue, à Stæfa, et ne revint qu'après quatre mois d'absence ; il avait résisté à la tentation de repasser les Alpes.

5. Und... fortzuſetzen, et de reprendre notre belle existence et nos bonnes relations d'autrefois.

6. Die Luſt, l'ardeur au travail, l'entrain.

Uebergang von der Speculation zur Production hat mich erfrischt und verjüngt,

Leben Sie wohl, mein werther Freund; ich sehe den nähern Nachrichten, die mir G. von Ihnen geben wird, mit Verlangen entgegen. Meine Frau grüßt Sie herzlich; die Familie hat sich unterdessen vermehrt, wie Sie vielleicht wissen, und Carln werden Sie recht gut und brav geartet finden.

Schiller.

XV

Envoi des *Grues d'Ibycus*.

Jena, den 17. August 1797.

Endlich erhalten Sie den Ibycus[1]. Möchten Sie damit zufrieden sein. Ich gestehe, daß ich bei näherer Besichtigung des Stoffes mehr Schwierigkeiten fand als ich anfangs erwartete, indessen däucht mir daß ich sie größtentheils überwunden habe. Die zwei Hauptpunkte, worauf es ankam, schienen mir erstlich eine Continuität in die Erzählung zu bringen, welche die rohe Fabel nicht hatte, und zweitens die Stimmung für den Effect zu erzeugen. Die letzte Hand habe ich noch nicht daran legen können, da ich erst gestern Abend damit fertig geworden, und es liegt mir zu viel daran, daß Sie die Ballade bald lesen, um von Ihren Erinnerungen noch Gebrauch machen zu können. Das Angenehmste wäre mir, zu hören, daß ich in wesentlichen Punkten Ihnen begegnete.

Mit meiner Gesundheit geht es seit acht Tagen wieder besser und im Hause steht es auch gut. Meine Frau grüßt Sie herzlich.

Leben Sie recht wohl, lassen Sie bald wieder von sich hören.

Schiller.

---

1. Voir page 20, note 3.

XVI

Remarques sur les *Grues d'Ibycus*. — Gœthe en voyage.

Frankfurt, den 22. August 1797.

Ihr reiches und schönes Paketchen hat mich noch zur rechten Zeit erreicht. In einigen Tagen gedenke ich wegzugehen, und kann Ihnen über diese Sendung noch von hier aus einige Worte sagen.

Der Almanach nimmt sich schon recht stattlich aus, besonders wenn man weiß was noch zurück ist. Die erzählenden Gedichte geben ihm einen eigenen Charakter.

Die Kraniche des Ibycus finde ich sehr gut gerathen; der Uebergang zum Theater[1] ist sehr schön, und das Chor der Eumeniden am rechten Platze. Da diese Wendung einmal erfunden ist, so kann nun die ganze Fabel nicht ohne dieselbe bestehen, und ich würde, wenn ich an meine Bearbeitung noch denken möchte, dieses Chor gleichfalls aufnehmen müssen.

Nun noch einige Bemerkungen : 1) der Kraniche sollten, als Zugvögel, ein ganzer Schwarm sein, die sowohl über[2] den Ibycus als über das Theater wegfliegen. Sie kommen als Naturphäno= mene und stellen sich so neben die Sonne und andere regelmäßige Erscheinungen. Auch wird das Wunderbare dadurch weggenommen, indem es nicht eben dieselben zu sein brauchen; es ist vielleicht nur eine Abtheilung des großen wandernden Heeres, und das Zufällige macht eigentlich, wie mich dünkt, das Ahnungsvolle und Sonderbare in der Geschichte. 2) Dann würde ich nach dem 14. Verse[3], wo die Erinnyen sich zurückgezogen haben, noch einen Vers einrücken[4], um die Gemüthsstimmung des Volks in welche der Inhalt des Chors

---

1. Der Uebergang zum Theater, la transition de la scène du meurtre au théâtre.
2. Schiller sentit la justesse de cette remarque; aussi intercala-t-il dans sa ballade la troisième strophe, celle qui commence ainsi :

> Seid mir gegrüßt, befreundete Schaaren,
> Die mir zur See Begleiter waren...

3. Vers = Strophe.
4. Docile à ce conseil, Schiller ajouta à son poème la strophe suivante :

> Und zwischen Wahrheit und Trug schwebet
> Noch zweifelnd jede Brust und bebet...

sie verſetzt darzuſtellen, und von den ernſten Betrachtungen der
Guten zu der gleichgültigen Zerſtreuung der Ruchloſen übergehen,
und dann den Mörder zwar dumm, roh und laut, aber doch nur
dem Kreiſe der Nachbarn vernehmlich ſeine gaffende Bemerkung
ausrufen laſſen. Daraus entſtänden zwiſchen ihm und den nächſten
Zuſchauern Händel [1], dadurch würde das Volk aufmerkſam u. ſ. w.
Auf dieſem Weg, ſowie auch durch den Zug der Kraniche, würde
alles ganz ins Natürliche geſpielt [2] und nach meiner Empfindung
die Wirkung erhöht, da jetzt der 15. Vers zu laut und bedeutend anfängt und man faſt etwas anderes erwartet. Wenn Sie hie und da
an den Reim noch einige Sorgfalt wenden, ſo wird das Uebrige
leicht gethan ſein, und ich wünſche Ihnen auch zu dieſer wohlgera-
thenen Arbeit Glück.

Ueber den eigentlichen Zuſtand eines aufmerkſamen Reiſenden
habe ich eigene Erfahrungen gemacht und eingeſehen worin ſehr oft
der Fehler der Reiſebeſchreibungen liegt. Man mag ſich ſtellen wie
man will, ſo ſieht man auf der Reiſe die Sache nur von Einer Seite
und übereilt ſich im Urtheil; dagegen ſieht man aber auch die Sache
von dieſer Seite lebhaft und das Urtheil iſt in gewiſſem Sinne
richtig. Ich habe mir daher Acten [3] gemacht, worin ich alle Arten
von öffentlichen Papieren die mir eben jetzt begegnen, Zeitungen,
Wochenblätter, Predigtauszüge, Verordnungen, Komödienzettel,
Preiscourante einheften laſſe, und ſodann auch ſowohl das, was ich
ſehe und bemerke, als auch mein augenblickliches Urtheil einfüge; ich
ſpreche ſodann von dieſen Dingen in Geſellſchaft und bringe meine
Meinung vor, da ich denn bald ſehe in wiefern ich gut unterrichtet
bin, und in wiefern mein Urtheil mit dem Urtheil wohl unterrich=
teter Männer übereintrifft. Ich nehme ſodann die neue Erfahrung
und Belehrung auch wieder zu den Acten, und ſo gibt es Materia=
lien, die mir künftig als Geſchichte des Aeußern und Innern inte-
reſſant genug bleiben müſſen. Wenn ich bei meinen Vorkenntniſſen
und meiner Geiſtesgeübtheit [4] Luſt behalte, dieſes Handwerk noch
länger fortzuſetzen, ſo kann ich eine große Maſſe zuſammen bringen.

---

1. Händel (une querelle), une discussion.
2. Würde... geſpielt, toute la scène deviendrait parfaitement naturelle.
3. Acten, des portefeuilles.
4. Bei... Geiſtesgeübtheit, avec mes connaissances acquises et mon expérience.

XVII

Gœthe annonce à Schiller qu'il a trouvé un sujet épique, la légende
de Tell.

Stäfa, ben 14. October 1797.

... Was werden Sie nun aber sagen, wenn ich Ihnen vertraue daß,
zwischen allen diesen poetischen Stoffen, sich auch ein poetischer her=
vorgethan hat[1], der mir viel Zutrauen einflößt. Ich bin fest überzeugt,
daß die Fabel von Tell sich werde episch behandeln lassen, und es
würde dabei, wenn es mir, wie ich vorhabe, gelingt, der sonderbare
Fall eintreten daß das Märchen durch die Poesie erst zu seiner voll=
kommenen Wahrheit gelangte, anstatt daß man sonst, um etwas zu
leisten[2], die Geschichte zur Fabel machen muß. Doch darüber künftig
mehr. Das beschränkte höchst bedeutende Local, worauf die Bege=
benheit spielt, habe ich mir wieder recht genau vergegenwärtigt, so
wie ich die Charaktere, Sitten und Gebräuche der Menschen in
diesen Gegenden, so gut als in der kurzen Zeit möglich, beobachtet
habe, und es kommt nun auf gut Glück an ob aus diesem Unter=
nehmen etwas werden kann[3]...

Goethe.

XVIII

Schiller est impatient de s'entretenir avec son ami du sujet de
Guillaume Tell.

Jena, ben 30. October 1797.

Gottlob daß ich wieder Nachricht von Ihnen habe! Diese drei
Wochen, da Sie in den Gebirgen, abgeschnitten von uns, umher=
zogen, sind mir lang geworden. Desto mehr erfreute mich Ihr lieber

---

1. Gœthe venait de faire une excursion au Saint-Gothard. C'est à la suite d'une
foule de recherches minutieuses sur l'histoire naturelle, la géographie, la situation
économique et politique de la Suisse, qu'il conçut le projet de faire une *Telliade*.

2. Etwas leisten, arriver à quelque chose.

3. Gœthe cédera sa trouvaille à Schiller, et de cette idée rencontrée par **hasard**
sortira le chef-d'œuvre de la scène allemande, *Guillaume Tell*.

Brief und alles was er enthielt. Die Idee von dem Wilhelm Tell ist sehr glücklich, und genau überlegt könnten Sie, nach dem Meister und dem Hermann, nur einen solchen völlig local-charakteristischen Stoff [1], mit der gehörigen Originalität Ihres Geistes und der Frischheit der Stimmung [2] behandeln. Das Interesse, welches aus einer streng umschriebenen, charakteristischen Localität und einer gewissen historischen Gebundenheit entspringt [3], ist vielleicht das Einzige, was Sie durch jene beiden vorhergegangenen Werke nicht weggenommen [4] haben. Diese zwei Werke sind auch dem Stoff nach ästhetisch frei, und so gebunden auch in beiden das Local aussieht und ist, so ist es doch ein rein poetischer Boden und repräsentirt eine ganze Welt. Bei dem Tell wird ein ganz anderer Fall sein; aus der bedeutenden Enge des gegebenen Stoffes wird da alles geistreiche Leben hervorgehen [5]. Es wird darin liegen, daß man durch die Macht des Poeten recht sehr beschränkt und in dieser Beschränkung innig und intensiv gerührt und beschäftigt wird. Zugleich öffnet sich aus diesem schönen Stoffe wieder ein Blick in eine gewisse Weite des Menschengeschlechts, wie zwischen hohen Bergen eine Durchsicht in freie Fernen sich aufthut [6].

Wie sehr wünschte ich auch dieses Gedichtes wegen bald wieder mit Ihnen vereinigt zu sein! Sie würden sich vielleicht jetzt eher gewöhnen, mit mir darüber zu sprechen, da die Einheit und Reinheit Ihres Hermanns durch Ihre Mittheilungen an mich, während der Arbeit, so gar nicht gestört worden ist. Und ich gestehe daß ich nichts auf der Welt weiß, wobei ich mehr gelernt hätte, als jene Communicationen, die mich recht in's Innere der Kunst hineinführten...

Schiller.

---

1. Einen... Stoff, un sujet caractéristique au point de vue local.

2. Stimmung (disposition), inspiration.

3. Welches... entspringt, que fait naître une contrée nettement circonscrite, frappante par son caractère, et une certaine précision historique.

4. Weggenommen = erschöpft.

5. Aus der... hervorgehen, de ce sujet à la fois si restreint et si vaste jaillira la vie intellectuelle dans toute sa plénitude.

6. Wie... aufthut, comme entre deux hautes montagnes on entrevoit de lointains horizons.

1798

XIX

Gœthe est heureux de se retrouver auprès de Schiller. — Il lui tarde
de connaître *Wallenstein*.

Weimar, den 3. Januar 1798.

Es ist mir dabei ganz wohl zu Muthe, daß wir zum neuen Jahre
einander so nahe sind; ich wünsche nur daß wir uns bald wieder
sehen und in der Continuation zusammen leben [1]. Ich möchte Ihnen
manche Sachen mittheilen und vertrauen, damit eine gewisse Epoche
meines Denkens und Dichtens [2] schneller zur Reife komme.

Ich freue mich sehr darauf etwas von Ihrem Wallenstein [3] zu
sehen, weil mir auch dadurch eine neue Theilnahme an Ihrem Wesen
möglich wird [4]. Ich wünsche nichts mehr als daß Sie ihn dieses Jahr
vollenden mögen [5].

Wenn uns als Dichtern, wie den Taschenspielern, daran gelegen
sein müßte daß niemand die Art, wie ein Kunststückchen hervorge=
bracht wird, einsehen dürfte, so hätten wir freilich gewonnen Spiel [6],
so wie jeder, der das Publicum zum besten haben mag, indem er
mit dem Strome schwimmt [7], auf Glück rechnen kann. In Hermann
und Dorothea habe ich, was das Material betrifft, den Deut=
schen [8] einmal ihren Willen gethan und nun sind sie äußerst zu=
frieden. Ich überlege jetzt ob man nicht auf diesem Wege ein drama=
tisches Stück schreiben könnte, das auf allen Theatern gespielt werden

---

1. Und... leben, et passer quelques jours avec vous.

2. Meines Denkens und Dichtens, de ma vie pensante et poétique.

3. Schiller avait déjà écrit les deux premiers actes de *Wallenstein*. L'exemple
de Gœthe, écrivant avec une merveilleuse facilité le chef-d'œuvre d'*Hermann et
Dorothée*, l'avait arraché à la prose pour le rendre à la poésie.

4. Weil... wird, car ce sera pour moi une nouvelle occasion de m'associer à vos
travaux.

5. Ce grand drame ne devait être achevé qu'au mois de mars de l'année suivante.

6. Gewonnen Spiel haben, avoir partie gagnée *au* beau jeu.

7. Mit dem Strome schwimmen, se laisser aller au courant (de l'opinion).

8. Gœthe dit dans l'élégie d'*Hermann et Dorothée :*

Deutschen selber führ' ich euch zu, in die stillere Wohnung,
Wo sich, nah der Natur, menschlich der Mensch noch erzieht.

2.

müßte und das jedermann für fürtrefflich erklärte, ohne daß es der Autor selbst dafür zu halten brauchte.

Dieses und so vieles andere muß bis zu unserer Zusammenkunft verschoben bleiben. Wie sehr wünschte ich daß sie in diesen Tagen bei uns wären, um eine der größten Unformen der organischen Natur, den Elephanten, und die anmuthigste der Kunstgestalten, die Florentinische Madonna[1] des Raphael, in Einer Stunde und also gleichsam neben einander zu sehen.

Leben Sie recht wohl und grüßen mir Ihre liebe Frau recht vielmals.

Goethe.

XX

Schiller fait des embellissements dans son jardin. — Il travaille au drame de Wallenstein.

Jena, den 27. Februar 1798.

Dieser Februar ist also hingegangen, ohne Sie zu mir zu bringen, und ich habe, erwartend und hoffend, bald den Winter überstanden. Desto heiterer seh' ich in's Frühjahr hinein, dem ich wirklich mit neuerwachtem Verlangen mich entgegen sehne. Es beschäftigt mich jetzt zuweilen auf eine angenehme Weise, in meinem Gartenhause und Garten Anstalten zur Verbesserung meines dortigen Aufenthalts zu treffen. Eine von diesen ist besonders wohlthätig und wird eben so angenehm sein : ein Bad[2] nämlich, das ich reinlich und nieblich in einer von den Gartenhütten mauern lasse. Die Hütte wird sogleich um einen Stock erhöht und soll eine freundliche Aussicht in das Thal der Leutra[3] erhalten. Auf der entgegengesetzten Seite ist schon im vorigen Jahr an die Stelle der Hütte eine ganz massiv gebaute Küche getreten. Sie werden also, wenn Sie uns im Garten besuchen, allerlei nützliche Veränderungen darin finden. Möchten wir nur erst wieder dort beisammen sein!

Ich lege doch jetzt ganz unvermerkt eine Strecke nach der andern

---

1. La *Vierge à la chaise*, dont le peintre Meyer avait rapporté une copie.
2. Ein Bad, une salle de bains.
3. La Leutra, petite rivière qui se jette dans la Saale, près d'Iéna.

in meinem Pensum zurück[1] und finde mich so recht in dem tiefsten Wirbel der Handlung. Besonders bin ich froh eine Situation hinter mir zu haben, wo die Aufgabe war, das ganz gemeine moralische Urtheil über das Wallensteinische Verbrechen[2] auszusprechen und eine solche an sich triviale und unpoetische Materie poetisch und geistreich zu behandeln, ohne die Natur des Moralischen zu vertilgen[3]. Ich bin zufrieden mit der Ausführung und hoffe unserm lieben moralischen Publicum nicht weniger zu gefallen, ob ich gleich keine Predigt daraus gemacht habe. Bei dieser Gelegenheit habe ich aber recht gefühlt, wie leer das eigentlich Moralische ist, und wieviel daher das Subject leisten mußte, um das Object[4] in der poetischen Höhe zu erhalten.

Leben Sie recht wohl. Meine Frau grüßt Sie auf's beste. Meyern viele Grüße.

Schiller.

XXI

Humboldt et les Français. — Mounier et Kant. — Relations avec le com'e et la comtesse Fouquet. — *Hermann et Dorothée* et la *Louise* de Voss. — Fête improvisée.

Weimar, den 28. Februar 1798.

Die Franzosen muß Humboldt, wenn sie ein theoretisch Gespräch anfangen, ja zu eludiren suchen, wenn er sich nicht immer von neuem ärgern will. Sie begreifen gar nicht daß etwas im Menschen sei, wenn es nicht von außen in ihn hineingekommen ist. So versicherte mir Mounier[5] neulich : das Ideal sei etwas aus verschiedenen

---

1. *Ich lege... zurück*, ma tâche avance tout doucement. je parcours une étape après l'autre.

2. Schiller a prononcé ce jugement par la bouche de Max Piccolomini (*Mort de Wallenstein*, acte II, scène 2).

3. *Ohne... zu vertilgen*, tout en respectant la vérité morale.

4. Il ne faut pas oublier que c'est un disciple de Kant qui parle. Le *sujet*, c'est l'être qui a conscience de lui-même, l'âme, par opposition à l'*objet*, qui est en dehors de l'âme.

5. Mounier (1758-1806) avait été élu député aux États-généraux, en 1789. Il y proposa le serment qui fut prêté dans la salle du *Jeu de paume*, mais ne réussit pas à faire adopter une constitution analogue à celle de l'Angleterre. Il donna sa démission après les journées d'octobre 1789, et se retira d'abord en Suisse, et plus tard à Weimar, où il trouva l'accueil le plus empressé.

ſchönen Theilen zuſammengeſetztes. Da ich nun denn fragte : woher denn der Bergriff von den ſchönen Theilen käme? und wie denn der Menſch dazu käme ein ſchönes Ganze zu fordern? und ob nicht für die Operation des Genie's, indem es ſich der Erfahrungselemente bedient, der Ausdruck zuſammenſetzen zu niedrig ſei? ſo hatte er für alle dieſe Fragen Antworten aus ſeiner Sprache, indem er verſicherte daß man dem Genie ſchon lange une sorte de création zugeſchrieben habe.

Und ſo ſind alle ihre Discourſe : ſie gehen immer ganz entſchieden von einem Verſtandsbegriff [1] aus, und wenn man die Frage in eine höhere Region ſpielt [2], ſo zeigen ſie daß ſie für dieſes Verhältniß auch allenfalls ein Wort haben, ohne ſich zu bekümmern ob es ihrer erſten Aſſertion widerſpreche oder nicht.

Durch Ihre Frau Schwägerin [3] werden Sie ja wohl erfahren haben daß auch Monnier Kantens Ruhm untergraben hat, und ihn nächſtens in die Luft zu ſprengen denkt. Dieſer moraliſche Franzos hat es äußerſt übel genommen daß Kant die Lüge, unter allen Bedingungen [4], für unſittlich erklärt. Böttiger [5] hat eine Abhandlung gegen dieſen Satz nach Paris geſchickt, der eheſtens in der Décade philosophique wieder zu uns zurückkommen wird, worin denn zum Troſt ſo mancher edlen Natur klar bewieſen wird daß man von Zeit zu Zeit lügen müſſe.

Wie ſehr Freund Ubique ſich freuen muß, wenn dieſer Grundſatz in die Moral aufgenommen wird, können Sie leicht denken, da er ſeit einiger Zeit die Bücher die man ihm geliehen hat, hartnäckig abſchwört, ob es gleich gar kein Geheimniß iſt, daß er ſie im Hauſe hat, und ſich deren ganz ruhig fort bedient.

Ich habe jetzt ein Verhältniß mit dem Grafen und der Gräfin Fouquet wegen naturhiſtoriſcher Gegenſtände. Es ſind recht artige,

----

1. Ein Verſtandsbegriff, (une idée de raison), une idée abstraite.
2. Spielt, porte, transporte.
3. Caroline de Lengefeld, qui fut mariée d'abord à M. de Beulwitz, et qui épousa en secondes noces M. de Wolzogen. Schiller était en relations très suivies avec sa belle-sœur.
4. Unter allen Bedingungen, dans quelque circonstance que ce soit.
5. Bœttiger (1760-1835), archéologue et littérateur, personnage remuant et affamé de gloriole, véritable mouche du coche, qui méritait bien les épigrammes de Gœthe et ce surnom d'*Ubique* par lequel le poète aime à le désigner.

föfliche, dienſtfertige Leute und auch mit mir recht einig und zu=
frieden; doch merkt man daß ſie ſich immer im Stillen ein gewiſſes
Präcipuum[1] vorbehalten manches beſſer zu wiſſen, über manches
teſſer zu denken glauben.

Mein Gedicht[2] ſcheint, wie ich aus dieſen Nachrichten ſehe, Voß[3]
nicht ſo wohlthätig als mir das ſeine. Ich bin mir noch recht gut
des reinen Enthuſiasmus bewußt, mit dem ich den Pfarrer von
Grünau aufnahm als er ſich zuerſt im Merkur[4] ſehen ließ, wie oft
ich ihn vorlas, ſo daß ich einen großen Theil davon noch auswendig
weiß, und ich habe mich ſehr gut dabei befunden, denn dieſe Freude
iſt am Ende doch productiv bei mir geworden, ſie hat mich in dieſe
Gattung gelockt, den Hermann erzeugt, und wer weiß was noch
daraus entſtehen kann. Daß Voß dagegen mein Gedicht nur se defen-
dendo genießt, thut mir ſehr leid für ihn, denn was iſt denn an
unſerem ganzen bischen Poeſie wenn es uns nicht belebt, und uns
für alles und jedes, was gethan wird, empfänglich macht? Wollte
Gott ich könnte wieder von vorn anfangen, und alle meine Arbeiten
als ausgetretene Kinderschuhe hinter mir laſſen und was Beſſeres
machen!

Jetzt erheitere ich mich an dem Gedanken daß ich bei meinem näch=
ſten Aufenthalte in Jena kleine Sachen machen will, in einer Art
zu der ich den wohlthätigen Einfluß des Frühlings brauche. Wie
ſehr freut es mich daß wir beide ſo feſt an der Sache als an einander
halten werden[5]!

Heute Nacht haben wir, nach unvermutheter Ankunft der Gothai=
ſchen fürſtlichen Jugend[6], einen Ball aus dem Stegreife und
Soupé um zwei Uhr gehabt, worüber ich denn einen schönen Mor=

---

1. Präcipuum = Vorrecht.

2. *Hermann et Dorothée.*

3. Voss n'eut ni l'esprit ni le bon goût de s'incliner devant la supériorité de
l'œuvre de Goethe; il disait naïvement : « Loue Dorothée qui voudra : ce n'est pas
ma Louise. »

4. Le *Mercure allemand*, recueil littéraire dirigé par Wieland, dans lequel furent
publiées, en 1784, les plus belles scènes de l'idylle de Voss. — Le pasteur de
Grunau est le père de Louise; les paroles qu'il adresse à sa fille avant la béné-
diction nuptiale sont un modèle d'éloquence familière en même temps qu'élevée.

5. Wie ſehr... werden, je suis tout heureux de me dire que nous serons étroi-
tement unis de cœur et d'action.

6. Die gothaiſche fürſtliche Jugend, les jeunes princes de Gotha.

gen zum größten Theil verschlief. Leben Sie recht wohl, grüßen Sie Ihre liebe Frau und bereiten Sie sich für den Sommer im Garten ein heiteres Dasein.

Goethe.

Weimar, [den 28. Februar 1798.

XXII

Mounier. — Schiller reçoit le diplôme de citoyen français.

Jena, den 2. März 1798.

Ich habe es in diesen schönen Tagen einmal wieder mit der frischen Luft versucht und mich recht wohl dabei befunden. Es ist wirklich Schade daß Sie gerade jetzt nicht hier sein können. Gewiß würde sich die Muse jetzt bald bei Ihnen einstellen.

Was Sie über die Franzosen, und ihren emigrirten, aber immer gleich[1] würdigen Mounier schreiben, ist sehr wahr, und so kläglich es auch an sich ist[2], so freut es einen, weil es so nothwendig zu dem ganzen Begriff dieser Existenz gehört, und man sollte immer nur rein die Naturen auffassen[3], so würde man auch gleich die Systeme rein demonstrirt sehen. Es ist wirklich der Bemerkung werth daß die Schlaffheit über ästhetische Dinge immer sich mit der moralischen Schlaffheit verbunden zeigt, und daß das reine strenge Streben nach dem hohen Schönen, bei der höchsten Liberalität gegen alles was Natur ist[4], den Rigorism im Moralischen bei sich führen wird. So deutlich scheiden sich die Reiche der Vernunft und des Verstandes[5], und diese Scheidung behauptet sich nach allen Wegen und Richtungen, die der Mensch nur nehmen kann.

Gestern habe ich nun im Ernst das französische Bürgerdiplom[6]

---

1. Immer gleich = dennoch.

2. So kläglich... ist, quelque regrettable que soit le fait en lui-même.

3. Rein die Naturen auffassen (saisir la nature dans sa nudité), voir les hommes tels qu'ils sont.

4. Bei der höchsten... ist, malgré les sympathies les plus vives et les plus libérales pour tout ce qui relève de la nature.

5. Voir page 20, note 1.

6. L'assemblée nationale avait, le 26 août 1792, conféré le titre de citoyen français à plusieurs étrangers qui, par leurs écrits ou leurs actions, avaient servi la

erhalten, wovon schon vor fünf Jahren in den Zeitungen geredet
wurde. Es ist damals ausgefertigt und von Roland [1] unterschrieben
worden. Weil aber der Name falsch [2] geschrieben und nicht einmal
eine Stadt oder Provinz auf der Adresse stand, so hat es freilich den
Weg nicht zu mir finden können. Ich weiß nicht wie es jetzt noch in
Bewegung kam, aber kurz, es wurde mir geschickt und zwar durch —
Campe [3] in Braunschweig, der mir bei dieser Gelegenheit die
schönsten Sachen sagt.

Ich halte dafür, es wird nicht ganz übel sein wenn ich es dem
Herzog notificire, und um diese Gefälligkeit ersuche ich Sie, wenn es
Sie nicht beschwert. Ich lege deswegen die Acta [4] bei. Daß ich als
ein deutscher Publicist κατ' ἐξοχήν darin erscheine, wird Sie
hoffentlich auch belustigen.

Leben Sie recht wohl. Ich habe einen Posttag und noch allerlei
abzufertigen. Meine Frau grüßt schön.

Schiller.

XXIII

L'*Iliade*. — Gœthe étudie Homère en vue d'un nouveau poème.

Weimar, den 12. Mai 1798.

Ihr Brief hat mich, wie Sie wünschen, bei der Ilias angetroffen,
wohin ich immer lieber zurückkehre, denn man wird doch immer,
gleich wie in einer Montgolfiere [5], über alles Irdische hinausgehoben

---

cause de la liberté, notamment à Priestley, à Pestalozzi, à Washington, à Klop-
stock. Sur la demande d'un membre de l'Assemblée, le nom de Schiller fut ajouté
à la liste des dix-sept nouvéaux citoyens.

1. La lettre de Roland, ministre de l'intérieur de la République française, est
datée du 10 octobre 1792.

2. La lettre ministérielle était adressée à *M. Gille, publiciste allemand.*

3. Campe (1746-1818), écrivain pédagogique allemand, né dans le Brunschwig,
avait reçu, en même temps que Schiller, le titre de citoyen français.

4. Die Acta, le diplôme. On dit généralement die Acte, et surtout die Acten, au
pluriel, pour désigner des *pièces* officielles.

5. A l'époque ou Gœthe écrivait cette lettre, on ne connaissait encore, en fait
de ballons, que les *montgolfières*, aérostats primitifs qui consistaient en une en-
veloppe de papier remplie d'air dilaté par le feu d'un réchaud placé au-dessous de
l'appareil et emporté par lui.

und befindet sich wahrhaft in dem Zwischenraum in welchem die Götter hin und her schwebten. Ich fahre im Schematisiren und Untersuchen fort[1], und glaube mich wieder einiger Hauptpässe zu meinem künftigen Unternehmen[2] bemächtigt zu haben. Die Ausführung wäre ganz unmöglich, wenn sie sich nicht von selbst machte, so wie man keinen Acker Weizen pflanzen könnte, da man ihn doch wohl säen kann. Ich sehe mich jetzt nach dem besten Samen um und an Bereitung des Erdreichs soll es auch nicht fehlen; das Uebrige mag denn auf das Glück der Witterung ankommen.

Das Wichtigste bei meinem gegenwärtigen Studium ist daß ich alles Subjective und Pathologische aus meiner Untersuchung entferne. Soll mir ein Gedicht gelingen, das sich an die Ilias einigermaßen anschließt[3], so muß ich den Alten auch darin folgen worin sie getadelt werden, ja ich muß mir zu eigen machen was mir selbst nicht behagt; dann nur werde ich einigermaßen sicher sein Sinn und Ton nicht ganz zu verfehlen. Mit den zwei wichtigen Punkten, dem Gebrauch des göttlichen Einflusses und der Gleichnisse[4], glaube ich im Reinen zu sein[5], wegen des letzten habe ich wohl schon etwas gesagt. Mein Plan erweitert sich von innen aus und wird, wie die Kenntniß wächst, auch antiker. Ich muß nur alles aufschreiben, damit mir bei der Zestreuung nichts entfallen kann.

Die nächste Zeit, die ich bei Ihnen zubringe, soll alles schon weiter rücken und einige Stellen, von denen ich am meisten gewiß zu sein glaube, will ich ausführen.

------

1. Ich fahre... fort, je continue de faire des esquisses et des études. Schema, ébauche, esquisse, et schematisiren, esquisser, sont des mots qui reviennent souvent sous la plume de Gœthe écrivant à son ami.

2. Gœthe songeait alors à écrire une *Achilléide*. « J'avais le plan de l'*Achilléide* dans ma tête, » dit-il dans *Vérité et Poésie*, « et un soir je l'exposai à Schiller. Mon ami me plaisanta sur cette faculté que je possède, disait-il, de voir clairement, face à face, les êtres auxquels je n'ai pas encore donné la vie par la parole et par le rythme. »

3. Depuis longtemps Gœthe rêvait de s'aventurer sur les traces d'Homère. On se rappelle ce pentamètre de l'élégie d'*Hermann et Dorothée* :

> Doch Homeride zu sein, auch nur als letzter, ist schön.

4. Die Gleichnisse, les comparaisons.
5. Im Reinen sein, être en règle.

XXIV

Une seconde *Iliade* est impossible. — *L'Achilléide.* —
Étude de Humboldt sur *Hermann et Dorothée.* — Succès du poème
de Gœthe.

Jena, den 18 Mai 1798.

Da es wohl seine Richtigkeit hat [1], daß keine Ilias nach der
Ilias mehr möglich ist, auch wenn es wieder einen Homer und
wieder ein Griechenland gäbe, so glaube ich Ihnen nichts Besseres
wünschen zu können, als daß Sie Ihre Achilleis so wie sie jetzt in
Ihrer Imagination existirt, bloß mit sich selbst vergleichen, und
bei'm Homer bloß Stimmung [2] suchen, ohne Ihr Geschäft mit seinem
eigentlich zu vergleichen. Sie werden sich ganz gewiß Ihren Stoff so
bilden, wie er sich in Ihrer Form qualificirt [3], und umgekehrt
werden Sie die Form zu dem Stoffe nicht verfehlen. Für beides
bürgt Ihnen Ihre Natur und Ihre Einsicht und Erfahrung. Die
tragische und sentimentale Beschaffenheit des Stoffes werden Sie
unfehlbar durch Ihren subjectiven Dichtercharakter balanciren, und
sicher ist es mehr eine Tugend als ein Fehler des Stoffs, daß er den
Forderungen unsers Zeitalters entgegen kommt : denn es ist eben so
unmöglich als undankbar für den Dichter, wenn er seinen vaterlän-
dischen Boden ganz verlassen und sich seiner Zeit wirklich entgegen
setzen soll. Ihr schöner Beruf ist, ein Zeitgenosse und Bürger beider
Dichterwelten zu sein [4], und gerade um dieses höhern Vorzugs willen
werden Sie keiner ausschließend angehören.

Uebrigens werden wir bald Gelegenheit haben, noch recht viel
über diese Materie mit einander zu sprechen, denn die Novität [5], von

---

1. Es hat seine Richtigkeit = es ist gewiß.
2. Stimmung, vos inspirations.
3. Sie werden... qualificirt, vous saurez certainement façonner votre matière en
sorte qu'elle se prête à la forme que vous voulez lui donner.
4. Par la plupart de ses chefs-d'œuvre, mais surtout par *Iphigénie, Hermann et
Dorothée* et *Faust*, Gœthe appartient, en effet, au monde germanique et au monde
grec; il applique, mais avec plus d'indépendance que le poète français la formule
d'André Chénier :

Sur des pensers nouveaux faisons des vers antiques.

5. Die Novität (la nouveauté), la surprise.

der ich Ihnen schrieb und worüber ich Sie nicht in eine zu große Erwartung setzen will, ist ein Werk[1] über Ihren Hermann, von Humboldt mir im Manuscript zugeschickt. Ich nenne es ein Werk, da es ein dickes Buch geben wird, und in die Materie mit größter Ausführlichkeit und Gründlichkeit eingeht. Wir wollen es, wenn es Ihnen recht ist, mit einander lesen; es wird alles zur Sprache bringen was sich durch Raisonnement über die Gattung und die Arten der Poesie ausmachen oder ahnen läßt[2]. Die schöne Gerechtigkeit[3], die Ihnen darin durch einen denkenden Geist und durch ein gefühlvolles Herz erzeigt wird, muß Sie freuen, so wie dieses laute und gründliche Zeugniß auch das unbestimmte Urtheil unserer deutschen Welt leiten helfen, und den Sieg Ihrer Muse über jeden Widerstand, auch auf dem Wege des Raisonnements, entscheiden und beschleunigen wird.

Ueber das, was ich mit Cotta[4] gesprochen, mündlich. Was mich aber besonders von ihm zu hören freute, ist die Nachricht die er mir von der ungeheuern Ausbreitung von Hermann und Dorothea gab. Sie haben sehr Recht gehabt zu erwarten, daß dieser Stoff für das deutsche Publicum besonders glücklich war, denn er entzückte den deutschen Leser auf seinem eigenen Grund und Boden, in dem Kreise seiner Fähigkeit und seines Interesses, und er entzückte ihn doch wirklich, welches zeigt, daß nicht der Stoff, sondern die dichterische Belebung gewirkt hat. Cotta meint, Vieweg[5] hätte eine wohlfeile schlechte[6] Ausgabe gleich veranstalten sollen, denn er sei sicher, daß bloß in Schwaben einige tausend würden abgegangen sein.

Doch über alles ausführlicher wenn Sie kommen. Ich hoffe dieß

---

1. Cet ouvrage est intitulé Ueber Goethes Hermann und Dorothea. Humboldt y étudie le poème avec le soin pieux d'un commentateur grec expliquant Homère, et fait de l'épopée de Gœthe la base d'une poétique toute nouvelle.

2. Es wird... läßt, il nous fournira l'occasion de parler de tous les principes et de toutes les hypothèses qu'on arrive à formuler à l'aide du raisonnement, en ce qui concerne les différents genres de poésie.

3. Die schöne Gerechtigkeit (la belle justice), le beau témoignage.

4. Cotta (1765-1832), fondateur d'une maison de librairie qui est encore aujourd'hui l'une des plus florissantes de l'Allemagne, était l'ami personnel de Schiller et de Gœthe. Les revues littéraires qu'il publiait (les *Heures*, l'*Almanach des dames*, etc.) faisaient connaître au public, soit en entier, soit par fragments, les œuvres des deux poètes aussitôt après leur éclosion.

5. Vieweg, le premier éditeur d'*Hermann et Dorothée*.

6. Schlechte (mauvaise), ordinaire.

wird übermorgen geschehen. Leben Sie recht wohl. Meine Frau
grüßt auf's beste.

Schiller.

1799

XXV

Envoi de *Wallenstein*.

Jena, den 17. März 1799.

Hier erfolgt nun das Werk[1], so weit es unter den gegenwärtigen
Umständen gebracht werden konnte. Es kann ihm in einzelnen
Theilen noch vielleicht an bestimmter Ausführung fehlen, aber für den
theatralisch=tragischen Zweck scheint es mir ausgeführt genug. Wenn
Sie davon urtheilen, daß es nun wirklich eine Tragödie ist, daß die
Hauptforderungen der Empfindung erfüllt, die Hauptfragen des Ver=
standes und der Neugierde befriedigt, die Schicksale aufgelöst und die
Einheit der Hauptempfindung erhalten sei, so will ich höchlich zu=
frieden sein.

Ich will es auf Ihre Entscheidung ankommen lassen, ob der vierte
Act mit dem Monolog der Thekla schließen soll[2], welches mir das
liebste wäre, oder ob die völlige Auflösung dieser Episode noch die
zwei kleinen Scenen, welche nachfolgen, nothwendig macht. Haben
Sie die Güte, das Manuscript so zeitig zu expediren, daß ich es spä=
testens morgen, Montag, Abends um sieben Uhr wieder in Händen
habe, und lassen auf das Couvert schreiben, wann der Bote expedirt
worden.

Alles Uebrige mündlich. Herzlich gratulire ich zu den Progressen
in der Achilleis[3], die doppelt wünschenswerth sind, da Sie dabei

---

1. Gœthe avait fait comprendre à Schiller la nécessité de faire du *Camp de
Wallenstein* une pièce à part, et lui avait conseillé de diviser son vaste sujet en
deux drames distincts, les *Piccolomini* et la *Mort de Wallenstein*. C'est donc à
Gœthe que revient l'honneur d'avoir introduit dans la trilogie l'ordre et la clarté.
Restait l'exécution. Pendant six mois, Gœthe ne cessa de harceler son ami, lui ar-
rachant, pour ainsi dire, scène par scène, les différentes parties du poème.

2. C'est ce monologue qui forme la scène XII de l'acte IV de la *Mort de Wallenstein*. Malgré l'avis de Gœthe, Schiller laissa subsister les deux petites scènes
qui terminent l'acte.

3. Il s'agit moins de l'exécution que de la conception de l'*Achilléide*; Gœthe

zugleich die Erfahrung machten, wie viel Sie durch Ihren Vorsatz über Ihre Stimmung vermögen [1].

Die Frau grüßt auf's beste. Wir erwarten Sie auf die Feiertage mit großem Verlangen.

Schiller.

XXVI

Félicitations de Gœthe. — Remarques sur Wallenstein.

Den 18. März 1799.

Zu dem vollendeten Werke wünsche ich von Herzen Glück; es hat mir besonders genug gethan, ob ich es gleich an einem bösen zerstreuten Morgen nur gleichsam obenhin gekostet habe. Für den theatralischen Effect ist es hinreichend ausgestattet; die neuen Motive, die ich noch nicht kannte, sind sehr schön und zweckmäßig.

Können Sie künftig den Piccolomini's etwas von der Masse abnehmen [2], so sind beide Stücke ein unschätzbares Geschenk für die deutsche Bühne, und man muß sie durch lange Jahre aufführen.

Freilich hat das letzte Stück den großen Vorzug, daß alles aufhört politisch zu sein und bloß menschlich wird; ja das Historische selbst ist nur ein leichter Schleier, wodurch das rein Menschliche durchblickt. Die Wirkung auf's Gemüth wird nicht gehindert noch gestört.

Mit dem Monolog der Prinzessin würde ich auf alle Fälle den Act schließen. Wie sie fortkommt [3], bleibt immer der Phantasie überlassen. Vielleicht wäre es in der Folge gut, wenn der Stallmeister schon im ersten Stücke eingeführt würde.

---

avait arrêté les grandes lignes du poème et n'avait encore écrit que 180 hexamètres du premier chant.

1. Die doppelt... vermögen, il faut s'en réjouir doublement, puisqu'ils vous permettent de constater l'empire de votre volonté sur les dispositions de votre esprit.

2. Herder était aussi d'avis qu'il fallait ramener l'immense drame à des proportions plus modestes ; mais Schiller, tout en reconnaissant la justesse de ces critiques, ne se sentit pas le courage de remanier son œuvre ; déjà le sujet d'une nouvelle tragédie, la fin tragique de Marie Stuart, l'absorbait tout entier.

3. Wie sie fortkommt, la manière dont elle sort du camp (pour aller à Neustadt où est mort celui qu'elle aimait, Max Piccolomini).

Der Schluß des Ganzen durch die Adresse des Briefs [1] erschreckt eigentlich, besonders in der weichen Stimmung in der man sich befindet [2]. Der Fall ist auch wohl einzig, daß man, nachdem alles was Furcht und Mitleiden zu erregen fähig ist, erschöpft war, mit Schrecken schließen konnte.

Ich sage nichts weiter und freue mich nur auf den Zusammen= genuß dieses Werks. Donnerstag hoffe ich noch abzugehen. Mittwoch Abend erfahren Sie die Gewißheit, wir wollen alsdann das Stück zusammen lesen, und ich will mich in gehöriger Fassung daran erfreuen.

Leben Sie recht wohl, ruhen Sie nun aus und lassen Sie uns auf die Feiertage beiderseits ein neues Leben beginnen. Grüßen Sie Ihre liebe Frau und gedenken mein.

Ueber die den Musen abgetrotzte Arbeit [3] will ich noch nicht trium= phiren, es ist noch die große Frage, ob sie etwas taugt; auf alle Fälle mag sie als Vorbereitung gelten.

Goethe.

XXVII

Corneille et Racine.

Jena, den 31. Mai 1799.

... Mir haben diese Tage ganz entgegengesetzte Producte eines Meisters in der Kunst nicht viel mehr Freude gewährt [4], obgleich ich, da ich nicht dafür zu repondiren habe, ganz ruhig dabei bleiben kann. Ich habe Corneillens Rodogüne, Pompée und Po= lyeucte gelesen und bin über die wirklich enorme Fehlerhaftigkeit dieser Werke, die ich seit zwanzig Jahren rühmen hörte, in Erstaunen

---

1. « Dem Fürsten Piccolomini » ; ce sont les derniers mots du drame. Pour le récompenser d'avoir fait périr Wallenstein, l'empereur avait accordé le titre de prince à Octavio Piccolomini.

2. Besonders... befindet, surtout au milieu de l'attendrissement que l'on éprouve.

3. La disposition des motifs des cinq chants de l'*Achilléide* et la composition d'une partie du premier chant.

4. Schiller venait de parler des *Sœurs de Lesbos*, poème médiocre qui venait d'être publié par Mlle Amélie Imhof, une des muses du dilettantisme allemand.

gerathen [1]. Handlung, dramatische Organisation, Charaktere, Sitten, Sprache, alles, selbst die Verse, bieten die höchsten Blößen an, und die Barbarei einer sich erst bildenden Kunst reicht lange nicht hin sie zu entschuldigen. Denn der falsche Geschmack, den man so oft auch in den geistreichsten Werken findet, wenn sie in einer rohen Zeit entstanden, dieser ist es nicht allein, nicht einmal vorzugsweise, was daran widerwärtig ist. Es ist die Armuth der Erfindung, die Magerheit und Trockenheit in Behandlung der Charaktere, die Kälte in den Leidenschaften, die Lahmheit und Steifigkeit im Gang der Handlung, und der Mangel an Interesse fast durchaus. Die Weibercharaktere sind klägliche Fratzen und ich habe noch nichts als das eigentlich Heroische glücklich behandelt gefunden; doch ist auch dieses, an sich nicht sehr reichhaltige Ingrediens, einförmig behandelt.

Racine ist ohne allen Vergleich dem Vortrefflichen viel näher, obgleich er alle Unarten der französischen Manier an sich trägt und im Ganzen etwas schwach ist [2]. Nun bin ich in der That auf Voltaire's Tragödien sehr begierig, denn aus den Kritiken, die der letztere über Corneille gemacht, zu schließen, ist er über die Fehler desselben sehr klar gewesen.

Es ist freilich leichter tadeln als hervorbringen [3]. Dabei fällt mir mein eigenes Pensum [4] ein, das noch immer sehr ungestaltet daliegt. Wüßten es nur die allzeitfertigen Urtheiler und die leichtfertigen Dilettanten, was es kostet, ein ordentliches Werk zu erzeugen!

---

1. Dans cette lettre, « l'auteur de *Wallenstein* blasphème nos dieux domestiques, il y méconnait la poésie française au point de déclarer Corneille froid, sec, maigre, sans invention et sans art! Voilà le jugement que lui inspire la lecture de *Polyeucte!*... Pourquoi Schiller n'a-t-il su s'affranchir des préjugés de sa race ? On voudrait que Gœthe, dans sa réponse, eût rectifié les erreurs de son ami. Celui qui, vingt-cinq ans plus tard, défendra si vivement Molière contre Guillaume Schlegel, n'est-il donc pas encore, en 1799, assez assuré de ses principes, assez maître de sa grande critique cosmopolite, pour défendre Corneille contre Schiller ? » (Saint-René Taillandier, *Correspondance entre Gœthe et Schiller*, tome II, p. 83 et 85).

2. On peut trouver l'excuse de Schiller dans son ignorance de notre langue et de notre génie national. L'auteur de *Wallenstein*, de ce monstre dramatique comme il l'appelle lui-même, n'était guère à même d'apprécier et de sentir la beauté sévère de nos tragédies classiques.

3. « La critique est aisée et l'art est difficile. »

4. Schiller avait débrouillé péniblement le plan de *Marie Stuart;* la période d'exécution ne commença que le 4 juin 1799.

Haben Sie doch die Güte mir mit der Botenfrau die Piccolomini und den Wallenstein zu schicken. Kotzebue[1] hat mich darum ersucht, und ich versprach es ihm, weil mich diese Gefälligkeit weniger kostet als ein Besuch bei ihm oder ein Abendessen.

Meyern viele Grüße. Seinen Brief habe ich an Böttiger abgesendet.

Meine Frau grüßt Sie bestens. Leben Sie wohl und heiter bei diesem erquickenden Regenwetter.

Schiller.

XXVIII

Un nouveau sujet de tragédie, *Warbeck*.

Jena, den 20. August 1799.

Ich bin dieser Tage auf die Spur einer neuen möglichen Tragödie gerathen, die zwar erst noch ganz zu erfinden ist, aber, wie mir dünkt, aus diesem Stoffe erfunden werden kann.

Unter der Regierung Heinrichs VII. in England stand ein Betrüger, Warbeck[2], auf, der sich für einen der Prinzen Eduard's IV. ausgab, welche Richard III. im Tower hatte ermorden lassen[3]. Er wußte scheinbare Gründe anzuführen, wie er gerettet worden, fand eine Parthie, die ihn anerkannte und auf den Thron setzen wollte. Eine Prinzessin desselben Hauses York[4], aus dem Eduard abstammte, und welche Heinrich VII. Händel erregen[5] wollte, wußte und unterstützte den Betrug; sie war es vorzüglich, welche den Warbeck auf die Bühne gestellt hatte. Nachdem er als Fürst an ihrem

---

1. Kotzebue, polygraphe allemand, né à Weimar en 1761, qui fut tué à Manheim, en 1819, par Charles Sand.

2. Perkins-Warbeck, fils d'un juif converti de Tournay, se prétendait le fils d'Édouard IV ; il disputa la couronne d'Angleterre à Henri VII. Ayant échoué dans une tentative de débarquement, il se livra volontairement à son rival, avoua son imposture et fut condamné à être pendu (1499).

3. Le meurtre d'Édouard V et de son jeune frère Richard, assassinés dans la Tour de Londres sur l'ordre de leur oncle Richard de Glocester, a inspiré à Casimir Delavigne sa tragédie intitulée *les Enfants d'Édouard*; ce sujet avait déjà été trait par Shakespeare dans son beau drame de *Richard III*.

4. La duchesse de Bourgogne, sœur d'Édouard IV.

5. Händel erregen, créer des difficultés, susciter des embarras.

Hof in Burgund gelebt, und seine Rolle eine Zeitlang gespielt hatte, manquirte die Unternehmung, er wurde überwunden, entlarvt und hingerichtet.

Nun ist zwar von der Geschichte selbst so gut als gar nichts zu gebrauchen, aber die Situation im Ganzen ist sehr fruchtbar, und die beiden Figuren des Betrügers und der Herzogin von York können zur Grundlage einer tragischen Handlung dienen, welche mit völliger Freiheit erfunden werden müßte. Ueberhaupt glaube ich, daß man wohl thun würde, immer nur die allgemeine Situation der Zeit und die Personen aus der Geschichte zu nehmen und alles übrige poetisch frei zu erfinden, wodurch eine mittlere Gattung von Stof= fen entstünde, welche die Vortheile des historischen Dramas mit dem erdichteten [1] vereinigte.

Was die Behandlung des erwähnten Stoffs betrifft, so müßte man, däucht mir, das Gegentheil von dem thun, was der Komö= diendichter daraus machen würde. Dieser würde durch den Contrast des Betrügers mit seiner großen Rolle und seine Incompetenz zu derselben das Lächerliche hervorbringen. In der Tragödie müßte er als zu seiner Rolle geboren erscheinen, und er müßte sie sich so sehr zu eigen machen, daß mit denen, die ihn zu ihrem Werkzeug ge= brauchen und als ihr Geschöpf behandeln wollten, interessante Kämpfe entstünden. Es müßte ganz so aussehen, daß der Betrug ihm nur den Platz angewiesen, zu dem die Natur selbst ihn bestimmt hatte. Die Katastrophe müßte durch seine Anhänger und Beschützer, nicht durch seine Feinde, und durch Liebeshändel, durch Eifersucht und dergleichen herbeigeführt werden.

Wenn Sie diesem Stoff im Ganzen etwas Gutes absehen und ihn zur Grundlage einer tragischen Fabel brauchbar glauben, so soll er mich bisweilen beschäftigen, denn wenn ich in der Mitte eines Stücks bin, so muß ich in gewissen Stunden an ein neues denken können [2].

Leben Sie wohl, meine Frau grüßt Sie auf's beste.

Schiller.

---

1. Dem erdichteten, le drame d'imagination pure.

2. Schiller avait écrit à Kœrner, dans une lettre datée du 9 août : « Décidé que je suis à me livrer exclusivement au théâtre pendant les six prochaines années, il faut absolument que je passe l'hiver à Weimar, et que j'assiste aux représentations du théâtre. Mon travail en deviendra bien plus facile ; mon imagination recevra

XXIX

Gœthe dans son jardin. — Ses observations astronomiques. — Il
approuve le sujet de *Warbeck*.

Weimar, den 21. August 1799.

Mein stilles Leben im Garten trägt immerfort wo nicht viele, doch
gute Früchte.

Ich habe diese Zeit fleißig Winckelmanns[1] Leben und Schriften
studirt. Ich muß mir das Verdienst und die Einwirkung dieses
wackern Mannes im Einzelnen deutlich zu machen suchen.

An meinen kleinen Gedichten habe ich fortgefahren zusammenzu=
stellen[2] und zu corrigiren. Man sieht auch hier daß alles auf das
Prinzip ankommt woraus man etwas thut. Jetzt da ich den Grund=
satz eines strengern Sylbenmaßes anerkenne, so bin ich dadurch eher
gefördert als gehindert. Es bleiben freilich manche Punkte, über
welche man in's Klare kommen muß. Voß hätte uns schon vor zehn
Jahren einen großen Dienst gethan, wenn er in seiner Einleitung
zu den Georgiken über diesen Punkt etwas weniger mystisch[3]
geschrieben hätte.

Diese Woche bin ich, wider meine Gewohnheit, meist bis Mitter=
nacht aufgeblieben, um den Mond zu erwarten, den ich durch das
Teleskop mit vielem Interesse betrachte. Es ist eine sehr angenehme
Empfindung einen so bedeutenden Gegenstand, von dem man vor
kurzer Zeit so gut als gar nichts gewußt, um so viel näher und ge=
nauer kennen zu lernen. Das schöne Schröterische Werk[4], die Se=

---

dn dehors une excitation appropriée au but que je poursuis, tandis que jusqu'ici,
dans mon isolement, tout ce que j'ai eu à produire sur le théâtre de la réalité et
de la vie n'est arrivé à bien que par une extrême tension intérieure, et non sans
des *faux frais* considérables. »

1. Winckelmann (1717-1768) est l'auteur de nombreux ouvrages d'esthétique, dont
les plus remarquables sont : *les Réflexions sur l'imitation de l'art grec* et l'*Histoire
de l'art dans l'antiquité*. On le considère avec raison comme le créateur de l'esthétique. C'est lui qui a porté l'ordre et la lumière dans l'histoire de l'art antique ;
son influence n'a pas été moins grande dans l'archéologie que dans les beaux-arts.

2. Zusammenstellen, classer.

3. Etwas weniger mystisch, dans un style un peu moins sibyllin.

4. Schrœter (1745-1816), auteur d'une carte de la lune, inventeur d'un nouveau
télescope, a laissé de nombreux ouvrages sur l'astronomie.

lenotopographie, ist freilich eine Anleitung durch welche der Weg
sehr verkürzt wird. Die große nächtliche Stille hier außen im Garten
hat auch viel Reiz, besonders da man Morgens durch kein Geräusch
geweckt wird, und es dürfte einige Gewohnheit dazu kommen, so
könnte ich verdienen in die Gesellschaft der würdigen Lucifugen aufge=
nommen zu werden.

So eben wird mir Ihr Brief gebracht. Der neue tragische Ge=
genstand den Sie angeben [1], hat auf den ersten Anblick viel Gutes,
und ich will weiter darüber nachdenken. Es ist gar keine Frage, daß
wenn die Geschichte das simple Faktum, den nackten Gegenstand
hergibt und der Dichter Stoff und Behandlung, so ist man besser
und bequemer dran, als wenn man sich des Ausführlichern und
Umständlichern der Geschichte bedienen soll; denn da wird man
immer genöthigt das Besondere des Zustandes mit aufzunehmen,
man entfernt sich vom rein Menschlichen und die Poesie kommt ins
Gedränge [2].

Goethe.

XXX

Remarques de Schiller sur le *Mahomet* de Voltaire.

Jena, den 18. October 1799.

Hier folgt der Mahomet nebst einigen Bemerkungen, die ich
im Durchlesen gemacht. Sie betreffen größtentheils das Original
selbst und nicht die Uebersetzung [3], ich glaube aber daß man dem
Original hierin nothwendig nachhelfen müsse.

Was die Anordnung des Ganzen betrifft, so scheint es mir
durchaus nöthig, diesen Ammon handelnd einzuführen, und die
Erwartung des Zuschauers immer in Athem zu erhalten, daß der=
selbe das Geheimniß mit den Kindern [4] dem Zopir offenbaren

---

1. Après avoir arrêté le plan de *Warbeck* et écrit les quatre premières scènes
du premier acte, Schiller finit par abandonner ce sujet.

2. Die Poesie kommt ins Gedränge (la poésie est à l'étroit), la poésie ne peut plus
se donner carrière.

3. Gœthe s'occupait alors à traduire le *Mahomet* de Voltaire, de manière à
l'adapter à la scène allemande ; il espérait ainsi ramener les poètes au sentiment
de la mesure, qui leur faisait absolument défaut.

4. Das Geheimniß mit den Kindern, le secret qui concerne les enfants.

werde. Er muß mehrmal an ihn zu kommen suchen, er muß ihm Winke geben[1] und dergleichen, so daß diese Sache dem Zuschauer niemals aus dem Gedächtniß kommt und doch die Furcht genährt wird, worauf doch alles beruht[2]. Man muß diesen Ammon mit seiner Entdeckung bei den Haaren herbei zu ziehen wünschen, alle Hoffnung auf seine zeitige Erscheinung setzen u. s. w.

Die Scene worin Seïde dem Ammon den vorhabenden Mord entdeckt, und welche im Stück bloß erzählt wird, sollte auf dem Theater wirklich vorkommen. Sie ist für's Ganze zu wichtig und dabei ein großer Gewinn für den theatralischen Effect. Ammon braucht darum nicht sogleich mit seinem Geheimniß gegen den Seïde herauszugehen, er hat andere Mittel die That zu hindern, ohne sich in Gefahr zu setzen. Mahomet erführe von Omar bloß, daß dieser den Seïde mit dem Ammon bei einer leidenschaftlichen Unterredung überrascht und letztern sehr consternirt gefunden habe. Auch könnte er einen Versuch Ammons, den Zopir geheim zu sprechen, erfahren. Dieß reichte hin ihn zur Hinwegschaffung des Ammon zu bewegen, dieser entdeckte dann sterbend dem Phanor alles, und es erfolgte[3] so wie's im Stück schon ist.

Meine Idee wäre ungefähr diese. Wenn Mahomet (im II. Aufzug, 4. Scene) dem Omar seine Liebe zu Palmira entdeckt hat, träte Ammon auf; Omar würde schicklich[4] entfernt, und nun brächte Ammon das Anliegen vor, daß Mahomet endlich die Kinder ihrem Vater wiedergeben und dadurch Friede mit Zopir und mit Mecca machen möchte. Die entdeckte Liebe beider zu einander und die Furcht vor einem Incest könnte ein neuer Antrieb für ihn sein. Mahomet müßte ihn nicht geradezu refüsiren und ihm bloß das strengste Schweigen auferlegen.

Zum zweitenmal würde ich den Ammon auftreten lassen am Anfang des dritten Acts zwischen den beiden Kindern. Sie müßten ihm ihre Liebe zu einander zeigen, er müßte einen gewissen Schauer[5]

---

1. Winke geben (faire des signes), faire des demi-confidences.
2. Worauf doch alles beruht, ce qui, après tout, est le grand point.
3. Es erfolgte, l'action se déroulerait.
4. Schicklich (convenablement), sous un prétexte convenable.
5. Einen gewissen Schauer (un certain frisson), un frisson d'épouvante.

dabei zeigen. Auch könnte ihm hier Seïde schon die Entdeckung
machen, daß Mahomet ihn zu einer blutigen That berufen. Ammon
würde von Furcht erfüllt, Mahomets Eintritt müßte ihn ver=
scheuchen.

Das drittemal würde ich den Ammon mit Vater und Sohn
zusammenbringen, aber eher er sich erklärte, trät' Omar ein und
entfernte den Seïde. Ammon bliebe mit Zopiren; ein Theil der
Entdeckung, die jetzt durch des Arabers Brief gemacht wird, ge=
schähe durch ihn selbst; Zopir erführe daß seine Kinder noch leben,
aber nicht wer sie sind, weil Ammon verhindert würde seine Ent=
deckung zu beendigen. Er hätte bloß Zeit, ihm die nächtliche
Zusammenkunft vorzuschlagen.

Unterdessen hätte Mahomet die Untreue des Ammon geargwohnt,
und alles erfolgte wie im Stück.

Ich muß abbrechen, man unterbricht mich. Leben Sie recht
wohl, ich wünsche sehr daß Sie in den nächsten acht Tagen über
die Veränderungen welche in dem Mahomet noch nöthig sind,
vollkommen sich entscheiden möchten, um hier gleich an die Ausfüh=
rung zu gehen.

Von den „Schwestern zu Lesbos“ [1] fehlt mir der sechste und
siebente Bogen. Sie haben vielleicht vergessen sie zu senden.

Leben Sie recht wohl.

Schiller.

1802 [2]

XXXI

L'*Iphigénie* de Gœthe remaniée par Schiller. — Remarques sur cette
pièce.

Weimar, den 22. Januar 1802.

Ich habe, wie Sie finden werden, weniger Verheerungen in dem

---

1. Poème médiocre de Mlle Amélie Imhof.
2. Le 3 décembre 1799, Schiller s'établit à Weimar avec sa famille. Les deux
amis se voient chaque jour; il en résulte que leur correspondance se réduit, en gé-

Manuscript angerichtet, als ich selbst erwartet hatte vornehmen zu müssen; ich fand es von der einen Seite nicht nöthig und von einer andern nicht wohl thunlich. Das Stück ist an sich gar nicht zu lang, da es wenig über zweitausend Verse enthält, und jetzt werden die zweitausend nicht einmal voll sein, wenn Sie es zufrieden sind, daß die bemerkten[1] Stellen wegbleiben. Aber es war auch nicht gut thunlich, weil dasjenige was den Gang des Stücks verzögern könnte, weniger in einzelnen Stellen als in der Haltung des Ganzen liegt, das für die dramatische Forderung zu reflektirend ist[2]. Oefters sind auch diejenigen Parteien, die das Loos der Ausschließung vor andern getroffen haben würde, nothwendige Bindungsglieder[3], die sich durch andere nicht ersetzen ließen, ohne den ganzen Gang der Scene zu verändern. Ich habe da, wo ich zweifelte, einen Strich am Rande gemacht; wo meine Gründe für das Weglassen überwiegend waren, habe ich ausgestrichen, und bei dem unterstrichenen wünschte ich den Ausdruck verändert.

Da überhaupt in der Handlung selbst zu viel moralische Casuistik herrscht, so wird es wohl gethan sein, die sittlichen Sprüche selbst und dergleichen Wechselreden etwas einzuschränken.

Das Historische und Mythische muß unangetastet bleiben, es ist ein unentbehrliches Gegengewicht des Moralischen, und was zur Phantasie spricht, darf am wenigsten vermindert werden.

Orest selbst ist das Bedenklichste im Ganzen[4]; ohne Furien ist kein Orest, und jetzt da die Ursache seines Zustandes nicht in die Sinne fällt, da sie bloß im Gemüth ist, so ist sein Zustand eine zu lange und zu einförmige Qual, ohne Gegenstand. Hier ist eine von den Gränzen des alten und neuen Trauerspiels. Möchte Ihnen etwas einfallen, diesem Mangel zu begegnen, was mir freilich bei der jetzigen Oekonomie des Stücks kaum möglich scheint; denn was ohne Götter und Geister[5] daraus zu machen war, das ist schon

---

néral, à de simples billets ; ils ne s'écriront de véritables lettres que lorsqu'ils seront momentanément séparés.

1. Bemerkten, que j'ai soulignés.
2. Zu reflektirend ist, contient trop de réflexions.
3. Bindungsglieder (des liens), des traits d'union.
4. Orest... Ganzen, le point délicat de la pièce, c'est le personnage d'Oreste.
5. Geister, des fantômes (c'est-à-dire les Furies).

geschehen. Auf jeden Fall empfehle ich Ihnen die Orestischen Scenen zu verkürzen.

Ferner gebe ich Ihnen zu bedenken, ob es nicht rathsam sein möchte, zur Belebung des dramatischen Interesses, sich des Thoas und seiner Taurier, die sich zwei ganze Acte durch nicht rühren, etwas früher zu erinnern und beide Actionen, davon die eine jetzt zu lange ruht, in gleichem Feuer zu erhalten [1]. Man hört zwar im zweiten und dritten Act von der Gefahr des Orest und Pylades, aber man sieht nichts davon, es ist nichts Sinnliches vorhanden, wodurch die drangvolle Situation zur Erscheinung käme. Nach meinem Gefühle müßte in den zwei Acten, die sich jetzt nur mit Iphigenien und dem Bruder beschäftigen, noch ein Motiv ad extra eingemischt werden, damit auch die äußere Handlung stetig bliebe [2] und die nachherige Erscheinung des Arkas mehr vorbereitet würde; denn so wie er jetzt kommt, hat man ihn fast ganz aus den Gedanken verloren.

Es gehört nun freilich zu dem eigenen Charakter dieses Stücks, daß dasjenige, was man eigentlich Handlung nennt, hinter den Coulissen vorgeht, und das Sittliche, was im Herzen vorgeht, die Gesinnung, darin zur Handlung gemacht ist und gleichsam vor die Augen gebracht wird. Dieser Geist des Stücks muß erhalten werden, und das Sinnliche muß immer dem Sittlichen nachstehen; aber ich verlange auch nur so viel von jenem, als nöthig ist, um dieses ganz darzustellen.

Iphigenia hat mich übrigens, da ich sie jetzt wieder las, tief gerührt, wiewohl ich nicht läugnen will, daß etwas Stoffartiges dabei mit unterlaufen mochte [3]. Seele möchte ich es nennen, was den eigentlichen Vorzug davon ausmacht.

Die Wirkung auf das Publicum wird das Stück nicht verfehlen, alles Vorhergegangene [4] hat zu diesem Erfolge zusammen gewirkt. Bei unserer Kennerwelt möchte gerade das, was wir gegen dasselbe einzuwenden haben, ihm zum Verdienste gerechnet

---

1. In gleichem Feuer erhalten, faire marcher du même pas.
2. Stetig bleiben, ne pas être interrompu.
3. Daß. . mochte, que j'aimerais bien y trouver plus de corps.
4. Alles Vorhergegangene, tout ce qui s'est passé depuis que vous l'avez écrite.

werden, und das kann man sich gefallen lassen, da man so oft wegen des wahrhaft Lobenswürdigen gescholten wird.

Leben Sie recht wohl und lassen mich bald hören, daß das verfestete Product anfängt sich unter Ihren Händen wieder zu erweichen [1].

Schiller.

XXXII

Gœthe dans une période de stérilité. — Études d'histoire naturelle.

Jena, den 17. August 1802.

Ob ich gleich von meinem hiesigen Aufenthalt [2] wenig productives rühmen kann und sonst eigentlich nicht wüßte warum ich hier sein sollte, so will ich doch wieder von mir hören lassen und Ihnen im Allgemeinen sagen, wie es mit mir aussieht [3].

Heute bin ich 14 Tage da, und da ich auch sonst hier so viel Zeit brauchte, um mich in Positur zu setzen [4], so will ich sehen, ob von nun an die Thätigkeit gesegneter wird. Einige unangenehme äußere Vorfälle, die zufälligerweise auch auf mich stärker als unter andern Umständen einwirkten, haben mich auch hin und wieder retardirt. Selbst daß ich Morgens badete, war meinen Vorsätzen nicht günstig.

Hier haben Sie also die negative Seite. Dagegen habe ich einiges erfunden das auf die Zukunft etwas verspricht, besonders auch sind gewisse Betrachtungen und Erfahrungen im naturhistorischen Fache nicht unfruchtbar geblieben. Einige Lücken in der Lehre der Metamorphose der Insekten [5] habe ich nach Wunsch ausgefüllt. Bei dieser Arbeit ist, wie Sie wissen, nur darum zu thun, daß die schon gefundenen Formeln anwendbarer werden und also gehaltvoller

---

1. Daß... erweichen, que la matière qui s'est solidifiée sous ma main redevient ductile sous la vôtre.

2. Gœthe faisait de fréquentes excursions à Iéna, soit pour assister à des réunions de naturalistes, soit pour y chercher la solitude et le recueillement qu'il ne pouvait trouver à Weimar.

3. Wie es mit mir aussieht, où j'en suis, ce que je deviens.

4. Mich in Positur setzen (me mettre en position), retrouver mon assiette.

5. Gœthe était passionné pour l'étude des sciences naturelles; la *Métamorphose des plantes* et d'autres travaux moins importants attestent qu'il était un chercheur aussi sagace que patient.

erscheinen, und daß man gedrängt werde neue Formeln zu erfinden, oder vielmehr die alten zu potenzieren[1]. Vielleicht kann ich bald von beiden Operationen erfreuliche Beispiele geben.

Ich bin neugierig, ob Ihnen die Muse günstiger war, und ob sie mir vielleicht auch in diesen letzten Tagen noch etwas bescheren mag.

Leben Sie recht wohl. Sagen Sie mir ein Wort und trösten mich über meine lange Entfernung von Ihnen, welche nur durch eine bedeutende Fruchtbarkeit einigermaßen entschuldigt und entschädigt werden könnte.

XXXIII

La stérilité de Gœthe n'est qu'apparente. — Schiller voudrait avoir connu Gœthe quelques années plus tôt. — Pline l'Ancien.

Weimar, den 18. August 1802.

Sie können nie unthätig sein, und was Sie eine unproductive Stimmung[2] nennen, würden sich die meisten andern als eine vollkommen ausgefüllte Zeit anrechnen. Möchte nur irgend ein subalterner Genius, einer von denen die gerade auf Universitäten wohnen und walten, die letzte Hand an Ihre wissenschaftlichen Ideen thun, um sie zu sammeln, leidlich zu redigiren und so für die Welt zu erhalten! Denn Sie selbst werden dieses Geschäft leider immer in die Ferne schieben[3], weil Ihnen, däucht mir, das eigentlich Didaktische gar nicht in der Natur ist. Sie sind eigentlich recht dazu geeignet, um von andern bei Lebzeiten beerbt und ausgeplündert zu werden, wie Ihnen schon mehrmal widerfahren ist, und noch mehr widerfahren würde, wenn die Leute nur ihren Vortheil besser verständen.

Hätten wir uns ein halb Dutzend Jahre früher gekannt, so würde ich Zeit gehabt haben, mich Ihrer wissenschaftlichen Untersuchungen zu bemächtigen[4]; ich würde Ihre Neigung vielleicht

---

1. Potenzieren, élever à une plus haute puissance.
2. Eine unproductive Stimmung (une disposition improductive), une période de stérilité.
3. In die Ferne schieben, remettre à plus tard, ajourner.
4. Mich bemächtigen (m'emparer de), m'initier à...

unterhalten haben, diesen wichtigen Gegenständen die letzte Gestalt zu geben, und in jedem Fall würde ich ein redlicher Verwalter des Ihrigen gewesen sein.

Ich habe in diesen Tagen einige Notizen über den ältern Plinius[1] gelesen, die mich in Rücksicht auf das was der Mensch aus einer guten Anwendung seiner Zeit machen kann, in Erstaunen gesetzt haben. Gegen einen solchen Mann war selbst Haller[2] noch ein Zeitverschwender. Aber ich fürchte, er hatte über dem ungeheuren Bücherlesen, Excerpiren und Dictiren zum freien Nachdenken nicht recht Zeit[3], und er scheint alle Thätigkeit des Geistes in das Lernen gesetzt zu haben, denn er nahm es seinem Neffen einmal sehr übel, da er ihn ohne ein Buch in der Hand im Garten auf und ab gehen sah[4].

Leben Sie recht wohl und lassen mich bald hören, daß Sie mit einer reichen Gabe[5] zurückkehren.

Schiller.

————

1805

XXXIV

Madame de Staël jugée par Schiller.

Weimar, den 21. December 1803.

Der rasche und wirklich anstrengende Wechsel von productiver

----

1. Pline consacrait à l'étude tous les instants que lui laissaient les affaires. « C'est grâce à cette application, dit Pline le Jeune, son neveu, qu'il a composé tous ses volumes, et qu'il m'a laissé cent soixante commentaires d'extraits, pages et revers remplis, et le tout écrit en caractères d'une finesse extrême, ce qui augmente encore ce nombre. » (*Lettres* de Pline le Jeune, livre III, lettre V.)

2. Haller (1708-1877), médecin distingué, s'illustra surtout comme anatomiste, botaniste, physiologiste ; il fut, en outre, bibliographe, romancier. Il a laissé plus de deux cents ouvrages.

3. La critique de Schiller est fondée : Pline ne prenait pas le temps de vérifier les faits qu'il rapportait ; aussi son *Histoire naturelle* a-t-elle répandu des préjugés qui, jusqu'au XVIᵉ siècle, ont retardé le progrès des sciences naturelles et médicales.

4. « Je me rappelle, » dit Pline le Jeune, « avoir été grondé par lui pour m'être promené : » « Tu pouvais, dit-il, ne pas perdre ces heures-là. » (*Lettres* de Pline le Jeune, livre III, lettre V.)

5. Eine reiche Gabe, une ample moisson, un riche butin.

Einſamkeit und einer ganz heterogenen Societäts-Zerſtreuung[1] hat mich in dieſer letzten Woche ſo ermüdet, daß ich durchaus nicht zum Schreiben kommen konnte, und es meiner Frau überließ Ihnen eine Anſchauung von unſern Zuſtänden zu geben.

Frau von Staël[2] wird Ihnen völlig ſo erſcheinen, wie Sie ſie ſich à priori ſchon conſtruirt haben werden; es iſt alles aus einem Stück und kein fremder falſcher und pathologiſcher Zug an ihr. Dieß macht daß man ſich trotz des immenſen Abſtandes der Naturen und Denkweiſen vollkommen wohl bei ihr befindet, daß man alles von ihr hören und ihr alles ſagen mag. Die franzöſiſche Geiſtes-bildung ſtellt ſie rein und in einem höchſt intereſſanten Lichte dar[3]. In allem was wir Philoſophie nennen, folglich in allen letzten und höchſten Inſtanzen[4], iſt man mit ihr im Streit und bleibt es trotz alles Redens. Aber ihr Naturell und Gefühl iſt beſſer als ihre Metaphyſik, und ihr ſchöner Verſtand erhebt ſich zu einem genialiſchen Vermögen[5]. Sie will alles erklären, einſehen, ausmeſſen, ſie ſtatuirt nichts Dunkles[6], Unzugängliches, und wohin ſie nicht mit ihrer Fackel leuchten kann, da iſt nichts für ſie vorhanden. Darum hat ſie eine horrible Scheu vor der Idealphilo-

---

1. Der raſche... Societäts-Zerſtreuung, la transition brusque et vraiment pénible d'une vie solitaire et laborieuse au bruit du monde et à des distractions qui sont tout à fait contraires à mes habitudes.

2. Mme de Staël parcourait alors l'Allemagne avec Benjamin Constant; elle arriva à Weimar le 14 décembre. Schiller n'a pas toujours rendu justice à la femme distinguée qui avait entrepris de révéler l'Allemagne à la France. Le 4 janvier 1804, il écrivait à Kœrner: « Voilà que le diable m'amène ici la *philosophe* française (die franzöſiſche Philoſophin), qui est bien, de toutes les créatures vivantes que j'ai rencontrées, la plus mobile, la plus prête au combat et la plus fertile en paroles... Elle éloigne de moi toute poésie, et je m'étonne de pouvoir faire encore quelque chose. Je la vois souvent, et comme, par-dessus le marché, je ne m'exprime pas facilement en français, j'ai réellement de rudes heures à passer. » Le 20 février suivant, il épanche de nouveau sa bile: « Enfin, écrit-il à son ami, je suis délivré de *Guillaume Tell*; j'espère que l'œuvre est réussie, mais j'ai maudit mille fois la dame française qui est venue se jeter à mon cou au beau milieu de mon travail. Ce dérangement était tout à fait intolérable. » Il serait curieux de rapprocher des paroles de Schiller la belle page que Mme de Staël a consacrée à ce poète dans son livre *De l'Allemagne*.

3. Die franzöſiſche... dar, elle représente la culture de l'esprit français dans ce qu'elle a de plus pur et de plus intéressant.

4. In allen... Inſtanzen, sur les grands principes, sur les questions les plus élevées.

5. Zu einem... Vermögen, à la puissance du génie.

6. Sie ſtatuirt nichts Dunkles, elle n'admet rien d'obscur.

sophie [1], welche nach ihrer Meinung zur Mystik [2] und zum Aber=
glauben führt, und das ist die Stickluft [3], wo sie umkommt. Für
das was wir Poesie nennen, ist kein Sinn in ihr [4]; sie kann
sich von solchen Werken nur das Leidenschaftliche, Redneriche und
Allgemeine zueignen, aber sie wird nichts falsches schätzen, nur
das Rechte nicht immer erkennen. Sie ersehen aus diesen paar
Worten, daß die Klarheit, Entschiedenheit und geistreiche Lebhaf=
tigkeit ihrer Natur nicht anders als wohlthätig wirken können. Das
einzige Lästige ist die ganz ungewöhnliche Fertigkeit ihrer Zunge [5],
man muß sich ganz in ein Gehörorgan verwandeln um ihr folgen
zu können. Da sogar ich, bei meiner wenigen Fertigkeit im fran=
zösisch reden, ganz leidlich mit ihr fortkomme, so werden Sie, bei
Ihrer größern Uebung, eine sehr leichte Communication mit ihr
haben.

Mein Vorschlag wäre, Sie kämen den Sonnabend herüber,
machten erst die Bekanntschaft und gingen dann den Sonntag
wieder zurück um Ihr Jenaisches Geschäft [6] zu vollenden. Bleibt
Madame Stael länger als bis Neujahr [7], so finden Sie sie hier, und
reist sie früher ab, so kann sie Sie ja in Jena vorher noch besuchen.
Alles kommt jetzt darauf an, daß Sie eilen eine Anschauung von
ihr zu bekommen [8], und sich einer gewissen Spannung [9] zu ent=
ledigen. Können Sie früher kommen als Sonnabends, desto besser.

Leben Sie recht wohl. Meine Arbeit [10] hat in dieser Woche

---

1. Die Idealphilosophie, la philosophie idéaliste.

2. Die Mystik, le mysticisme.

3. Die Stickluft, l'air qui suffoque, l'air méphitique.

4. Le livre de Mme de Staël est la réfutation éloquente de l'étrange assertion de Schiller. On peut s'expliquer la mauvaise humeur du poète arraché à son travail solitaire; mais on ne comprend pas qu'il aille jusqu'à refuser tout sens poétique à l'illustre écrivain.

5. Die ganz... Zunge, sa volubilité extraordinaire.

6. Au moment de l'arrivée de Mme de Staël à Weimar, Gœthe était à Iéna, où il s'occupait de travaux scientifiques.

7. Mme de Staël quitta Weimar le 29 février 1804, après avoir fait un séjour de plus de deux mois dans cette ville.

8. Alles... bekommen, l'essentiel, en ce moment, est de vous faire au plus tôt une idée de sa manière d'être.

9. Einer gewissen Spannung (d'une certaine tension), de la préoccupation qui vous agite.

10. Le drame de *Guillaume Tell*.

freilich nicht viel zugenommen, aber doch auch nicht ganz gestockt. Es ist recht schade, daß uns diese interessante Erscheinung zu einer so ungeschickten Zeit kommt, wo dringendere Geschäfte, die böse Jahreszeit und die traurigen Ereignisse[1], über die man sich nicht ganz erheben kann, zusammen auf uns drücken.

Schiller.

—————

1804

XXXV

Madame de Staël. — Jean de Müller.

Weimar, den 23. Januar 1804.

Eben war ich im Begriff anzufragen, wie es Ihnen gehe, denn bei diesem langen Auseinandersein wird es einem doch zuletzt wunderlich[2].

Heute habe ich zum erstenmal Madame von Stael bei mir gesehen[3]; es bleibt immer dieselbe Empfindung: sie gerirt sich mit aller Artigkeit noch immer grob genug als Reisende zu den Hyperboreern, deren alte Fichten und Eichen, deren Eisen und Bernstein sich noch so ganz wohl in Nutz und Putz verwenden ließen; indessen nöthigt sie einen doch die alten Teppiche als Gastgeschenk und die verrosteten Waffen zur Vertheidigung hervorzuholen[4].

Gestern habe ich Müller[5] gesehen, wahrscheinlich wird er heute

---

1. Schiller veut parler sans doute des événements politiques. L'Angleterre venait de rompre la paix d'Amiens, et la guerre allait recommencer entre Napoléon et l'Europe coalisée.

2. *Denn... wunderlich*, car on finit par être tout dérouté à la suite d'une aussi longue séparation.

3. Gœthe avait mis peu d'empressement à voir Mme de Staël et à lui ouvrir sa porte : il se défiait d'elle comme d'une étrangère que la seule curiosité aurait attirée à Weimar. Il finit toutefois par la voir assez fréquemment, soit à la cour, soit chez lui. soit dans les réunions où Mme de Staël recevait l'élite de la société de Weimar ; mais, en dépit des brillantes qualités de l'illustre voyageuse, il persista dans les préventions qu'il avait conçues contre elle.

4. Ces lourdes plaisanteries ne sont pas dignes de Gœthe. Mme de Staël ne garda pas rancune à *l'hyperboréen* qui la jugeait avec tant de partialité, témoin le chapitre éloquent qu'elle a consacré à Gœthe dans son livre *De l'Allemagne*.

5. Jean de Müller, l'historien, dont le chef-d'œuvre est l'*Histoire des Suisses*. Il était arrivé à Weimar le 22 janvier.

wieder kommen. Ich werde Ihren Gruß ausrichten. Er ist über
das Weimarische Lazareth freilich betroffen, denn es muß recht übel
aussehen wenn der Herzog selbst auf dem Zimmer bleibt. Bei allen
diesen Unbilden habe ich den Trost, daß Ihre Arbeit nicht ganz
unterbrochen worden, denn das ist das einzige von dem was ich
übersehe, das unersetzlich wäre; das wenige was ich zu thun habe,
kann noch allenfalls unterbleiben. Halten Sie sich ja stille, bis
Sie wieder zur völligen Thätigkeit gelangen. Wegen Müllers hören
Sie morgen bei Zeiten etwas. Das schönste Lebewohl.

Goethe.

XXXVI

Schiller envoie son Guillaume Tell à Gœthe.

Weimar, den 17. Februar 1804.

Hier übersende ich mein Werk, für das ich unter gegenwärtigen
Umständen nichts weiter zu thun weiß. Wenn Sie es durchgelesen,
bitte ich es zurückzusenden, weil der Rollenschreiber darauf wartet.

Soll es gegen Ostern gegeben werden [1], so müssen wir suchen
es acht Tage vorher zu Stande zu bringen, um noch von Zim=
mermanns [2] Gegenwart und, in Rücksicht auf die Kasse, von dem
actuellen Zustand [3] in Jena zu profitiren, der sich nach Ostern
verändern kann. Dann mußte aber wegen der anzuschaffenden
Kleid r und der erforderlichen Decorationen schleunige Resolution
gefaßt werden, auch müßte man den Macbeth [4] verschieben. Das
Einstudiren der Rollen macht keine Schwierigkeit, da die größte
von keinem beträchtlichen Umfang ist.

Meine Idee wegen der Rollenbesetzung [5] lege ich bei. Sie er=
sehen daraus, wie schwer es sein würde, Zimmermanns Rolle zu

---

1. *Guillaume Tell* fut représenté pour la première fois le 17 mars 1804.

2. Nom d'un acteur de talent.

3. In Rücksicht auf die Kasse, en vue de la recette. Par « la situation actuelle »,
Schiller entend la présence à Iéna d'une société assez nombreuse qui ne devait pas
tarder à se disperser.

4. Schiller avait traduit librement et arrangé pour la scène le *Macbeth* de Shakespeare.

5. Die Rollenbesetzung, la distribution des rôles.

beſetzen. Muß man ſich nach Oſtern auch ohne ihn helfen, ſo geht es dann eher an als wenn gleich der erſte Eindruck trüb iſt.

Ich bin von dieſen Beſorgungen und auch vom Wetter ſehr angegriffen und muß mich noch einige Tage zu Hauſe halten.

Schiller.

XXXVII

Gœthe va hâter la représentation de *Guillaume Tell*.

Weimar, den 19. Februar 1804.

Eben war ich im Begriff nach Ihnen und Ihrer Arbeit zu fragen; denn nichts von Ihnen zu hören und zu ſehen wurde mir zuletzt doch allzuläſtig. Der Anblick des Stücks und der Rollenaustheilung hat mich ſehr vergnügt. Ich ſollte denken man müßte die Vorſtellung vor Oſtern zu Stande bringen, obgleich nur knapp [1]; freilich mit dem Ausſchreiben der Rollen müßte es behend gehen. Ich dächte man ſetze einige Schreiber zuſammen, die zu gleicher Zeit ſchreiben müßten. Doch davon ſobald ich geleſen habe. Jetzt nur recht herzlichen Dank.

Goethe.

XXXVIII

Gœthe trouve la pièce admirablement réussie.

Weimar, den 21. Februar 1804.

Das Werk iſt fürtrefflich gerathen [2], und hat mir einen ſchönen Abend verſchafft. Einige Bedenklichkeiten wegen der Aufführung vor Oſtern ſind mir beigegangen. Mögen ſie um zwölf Uhr fahren, ſo komme ich Sie abzuholen.

Goethe.

---

1. Obgleich nur knapp, bien que ce ne soit pas chose facile.

2. Le public allait ratifier le jugement de Gœthe. Le 12 avril, Schiller écrivait à Kœrner : « *Tell* a produit plus d'effet sur la scène que mes autres pièces, et la représentation m'a causé une grande joie. Je sens que peu à peu je deviens maître des choses du théâtre. »

XXXIX

Convalescence de Schiller. — Remaniement de *Gœtz de Berlichingen*.

Jena, den 3. August 1804.

Ich habe freilich einen harten Anfall ausgestanden [1] und es hätte leicht schlimm werden können, aber die Gefahr wurde glücklich abgewendet; alles geht nun wieder beſſer, wenn mich nur die unerträgliche Hitze zu Kräften kommen ließe. Eine plötzliche große Nervenschwächung in ſolch einer Jahreszeit iſt in der That faſt ertödtend, und ich ſpüre ſeit den acht Tagen, daß mein Uebel ſich gelegt, kaum einen Zuwachs von Kräften, obgleich der Kopf ziemlich hell und der Appetit wieder ganz hergeſtellt iſt.

Mich freut ſehr zu hören, daß Sie mit dem Götz v. B. [2] ſchon ſo weit ſind und daß wir alſo dieſer theatraliſchen Feſtlichkeit mit Gewißheit entgegenſehen können.

Schiller.

1805

XL

Envoi d'un paquet de drames.

Weimar, den 1. Januar 1805.

Hier zum neuen Jahr, mit den beſten Wünſchen, ein Pack Schauſpiele. Da ſie ſolche wohl mit gutem Humor [3] anſehen, ſo werfen Sie doch ein paar Worte auf's Papier über jedes. Am Ende gibt's doch ein Reſultat. Nicht wahr Oels [4] hat keine Rolle in der

---

1. Schiller était allé avec les siens passer l'été à Iéna. Au commencement du mois d'août, il tomba gravement malade à la suite d'un refroidissement ; sa santé, profondément altérée lorsqu'il revint à Weimar le mois suivant, ne devait plus se remettre.

2. Gœthe s'occupait alors d'arranger pour la scène son drame de *Gœtz de Berlichingen*, qui était trop décousu sous sa première forme pour pouvoir être joué avec succès.

3. Mit gutem Humor (avec bonne humeur), d'un œil favorable.

4. Oels, nom d'un acteur.

Phädra[1]? Er bat um Urlaub, den ich ihm um so lieber gebe.
Erhalt' ich nicht bald ein Paar Acte? Der Termin[2] rückt   un
mit jedem Tage näher in's Auge.

Goethe.

XLI

La traduction de la *Phèdre* de Racine. — Les *Mémoires* de
Marmontel.

Weimar, den 14. Januar 1805.

Es thut mir recht leid zu hören, das Ihr zu Hausebleiben kein
freiwilliges ist. Leider geht's uns allen schlecht[3], und der ist noch
am besten dran, der durch die Noth gezwungen sich mit dem Krank-
sein nach und nach hat vertragen lernen. Ich bin jetzt recht froh,
daß ich den Entschluß gefaßt und ausgeführt habe, mich mit einer
Uebersetzung[4] zu beschäftigen. So ist doch aus diesen Tagen des
Elends wenigstens etwas entsprungen, und ich habe indessen doch
gelebt und gehandelt. Nun werde ich die nächsten acht Tage dran
wagen, ob ich mich zu meinem Demetrius[5] in die gehörige Stimmung setzen kann, woran ich freilich zweifle. Gelingt es nicht, so
werde ich eine neue halb mechanische Arbeit hervorsuchen müssen.
Ich schicke Ihnen hier was abgeschrieben ist.

---

1. Schiller, trop malade pour pouvoir travailler à son drame de *Démétrius*, char-
mait ses loisirs en traduisant la *Phèdre* de Racine.

2. La pièce de Racine, traduite en allemand, devait être jouée le 30 janvier,
jour anniversaire de la naissance de la duchesse de Weimar; il ne fallut pas plus
de vingt-six jours à Schiller pour achever son travail.

3. Schiller souffrait de sa maladie de poitrine et il était très affaibli; ses enfants
étaient en convalescence. Gœthe lui-même avait à se plaindre de l'état de sa santé;
le 21 janvier, il écrivait à son ami : « Chez moi c'est tantôt une partie, tantôt
l'autre qui cloche. Le mal ne sort des entrailles que pour attaquer la poitrine, puis
le cou, et finalement l'œil, où il est, à coup sûr, le moins bien venu. »

4. La traduction de *Phèdre* est un chef-d'œuvre dans son genre. Avant que
Schiller eût achevé son travail, Gœthe lui écrivait : « J'ai lu les trois premiers actes
de votre traduction avec beaucoup d'intérêt. L'exposition est excellente dans sa
brièveté, et la passion lui donne de la vie. » Voir plus bas, lettre XLII.

5. Vaincu par al maladie, Schiller n'avait pu que tracer le plan de *Démétrius;*
au moment de sa mort, il n'avait encor crit que le premier acte et le commencement du second acte de ce drame.

Möchten Sie diese ersten Bogen durchsehen, hie und da mit dem Original zusammen halten, und was Ihnen etwa darin auffällt, mit dem Bleistift bemerken [1]. Ich möchte gern bald möglichst, und ehe die Rollen ausgeschrieben werden, damit in Ordnung sein.

Wenn übermorgen an den Rollen angefangen wird, so kann auf den nächsten Sonntag Leseprobe [2] sein, und von da sind es noch zehn Tage bis zum dreißigsten.

Der Herzog erlaubt mir die Memoiren von Marmontel [3] zu lesen, die Sie jetzt haben. Ich bitte also darum, wenn Sie damit fertig sind.

Die Großfürstin erzählte gestern noch mit großem Interesse von Ihrer neulichen Vorlesung. Sie freut sich darauf, noch manches bei Ihnen zu sehen und auch zu hören.

Leben Sie wohl und lassen mich auch bald etwas hören.

Schiller.

XLII

Remarques de Gœthe sur la traduction de Phèdre. — Les lectures
à faire devant la jeune princesse de Weimar.

Weimar, Januar 1805.

Ich wünsche Glück zu dem guten Gebrauch dieser gefährlichen Zeit [4]. Die drei Acte habe ich mit vielem Antheil gelesen. Das Stück exponirt sich kurz und gut und die gehetzte Leidenschaft gibt ihm Leben. Ich habe die beste Hoffnung davon. Dazu kommt, daß einige Hauptstellen, sobald man die Motive zugibt, von vortrefflicher Wirkung sein müssen. In diesen ist auch die Diction vorzüglich gut gerathen. Uebrigens hatte ich angefangen hie und da einige Veränderungen einzuschreiben; sie beziehen sich aber nur auf den mehrmals

---

1. Déférant à la prière de son ami, Gœthe souligna quelques passages qui lui semblaient défectueux, surtout au point de vue du rythme. Voir plus bas, lettre XLII.

2. Die Leseprobe, la lecture, la première répétition.

3. Ces *Mémoires* venaient de paraître. Marmontel avait employé ses dernières années à écrire pour ses enfants l'histoire de sa vie. Son livre contient un tableau intéressant de la seconde moitié du dix-huitième siècle.

4. Vu la nature de sa maladie, Schiller redoutait avec raison l'hiver comme la saison dangereuse et funeste entre toutes.

vorkommenden Fall, daß ein Hiatus entsteht, oder zwei kurze (unbedeutende) Sylben statt eines Jambus stehen; beide Fälle machen den ohnehin kurzen Vers noch kürzer, und ich habe bei der Vorstellung bemerkt, daß der Schauspieler bei solchen Stellen, besonders wenn sie pathetisch sind, gleichsam zusammenknickt und aus der Fassung kommt[1]. Es wird Sie wenig Mühe kosten solchen Stellen nachzuhelfen. Haben Sie übrigens die Güte, das Ausschreiben der Rollen möglichst zu beschleunigen; denn das Stück will doch gelernt und geübt sein.

Das Leben des Marmontel schicke ich mit Vergnügen, es wird Sie einige Tage sehr angenehm unterhalten. Sie werden darin ein paarmal auf den Finanzmann Bouret[2] stoßen, der uns durch Rameau's Neffe[3] interessant geworden.

Wenn unsere junge Fürstin an dem, was wir mittheilen können, Freude hat, so sind alle unsere Wünsche erfüllt. Unser einer kann ohnehin nur immer mit dem Apostel sagen: Gold und Silber habe ich nicht, aber was ich habe, gebe ich im Namen des Herrn. Denken Sie doch auch darüber, was man ihr allenfalls bei solchen Gelegenheiten vortragen kann. Es müssen kurze Sachen sein, doch von aller Art und Weise, und mir fällt gewöhnlich das Nächste nicht ein.

Leben Sie recht wohl und gedenken Sie mein. Sobald ich wieder wagen darf auszugehen, besuche ich Sie einen Abend. Ich habe vor Langerweile allerlei gelesen, z. B. den Amadis von Gallien[4]. Es ist doch eine Schande, daß man so alt wird, ohne ein so vorzügliches Werk anders als aus dem Munde der Parodisten gekannt zu haben.

Goethe.

1. Gleichsam... kommt, s'affaisse en quelque sorte sur lui-même et perd contenance.

2. Bouret fit une fortune colossale comme fermier général et trésorier de France. Après avoir étonné la France par ses prodigalités, il mourut (1777) en ne laissant pas de quoi payer ses créanciers.

3. Gœthe a laissé une remarquable traduction du *Neveu de Rameau*.

4. Amadis de Gaule est le héros d'un fameux roman de chevalerie en vingt-quatre livres, dont les treize premiers sont écrits en espagnol du xive siècle, et les autres en français. La première traduction française du commencement date de 1500.

XLIII

Gœthe s'informe de la santé de Schiller.

Weimar, den 27. März 1805.

Laffen Sie mich doch hören, wie es Ihnen in diefen Tagen ergangen ift. Ich habe mich mit ganzem Ernft endlich an meine Arbeit [1] angeflammert und denfe nun nicht mehr fo leicht zerftreut zu werden. Es hat schwer gehalten nach fo langen Paufen und unglücklichen Zwischenfällen wieder Pofto zu faffen [2], und ich mußte mir Gewalt anthun. Jetzt aber bin ich im Zuge.

Der falte Nordoftwind wird auch Ihnen, fürchte ich, wie mir die Erholung erschweren; doch habe ich mich dießmal noch leidlicher befunden als fonft bei gleichem Barometerftand mit mir der Fall ift.

Leben Sie recht wohl. Ich fehne mich nach einer Zeile von Ihnen.

Schiller.

XLIV

Dernière lettre de Schiller à Gœthe [3].

Weimar, den 26. April 1805.

Die Anmerfungen [4] schließen mit Voltairen [5] luftig genug, und man befommt noch eine tüchtige Labung auf den Weg [6]. Indeffen feh' ich mich gerade bei diefem letzten Artifel in einiger Controvers mit Ihnen, fowohl was das Regifter der Eigenschaften zum guten

---

1. Le drame de *Démétrius*.
2. Wieder Pofto faffen, reprendre pied, reprendre son assiette.
3. Quinze jours après avoir écrit cette lettre, Schiller avait cessé de vivre.
4. Gœthe avait ajouté des notes extrêmement curieuses à sa traduction du *Neveu de Rameau*.
5. Dans la note consacrée à Voltaire, Gœthe dit que cet écrivain est l'expression la plus haute de l'esprit de sa nation et de son siècle; il ne lui manque, ajoute-t-il comme correctif, que la profondeur et la perfection.
6. Eine tüchtige Labung auf den Weg (un bon réconfortant pour la route), une ample provision d'idées pour la route.

Schriftsteller [1], als was deren Anwendung auf Voltaire betrifft.

Zwar soll das Register nur eine empirische Aufzählung der Prädicate sein, welche man bei Lesung der guten Schriftsteller auszusprechen sich veranlaßt fühlt; aber stehen diese Eigenschaften in einer Reihe hinter einander, so fällt es auf, Genera und Species, Hauptfarben und Farbentöne neben einander aufgeführt zu sehen. Wenigstens würde ich in dieser Reihenfolge die großen viel enthaltenden Worte Genie, Verstand, Geist, Styl, 2c. vermeiden und mich nur in den Schranken partieller Stimmung und Nuäneen gehalten haben [2].

Dann vermißte ich doch in der Reihe noch einige Bestimmungen [3], wie Charakter, Energie und Feuer, welche gerade das sind, was die Gewalt so vieler Schriftsteller ausmacht und sich keineswegs unter die angeführten subsumiren läßt [4]. Freilich wird es schwer sein, dem Voltairischen Proteus einen Charakter beizulegen.

Sie haben zwar, indem Sie Voltairen die Tiefe absprechen, auf einen Hauptmangel desselben hingedeutet, aber ich wünschte doch, daß das, was man Gemüth [5] nennt und was ihm, sowie im Ganzen allen Franzosen so sehr fehlt, auch wäre ausgesprochen worden. Gemüth und Herz haben Sie in der Reihe nicht mit aufgeführt; freilich sind sie theilweise schon unter andern Prädikaten enthalten, aber doch nicht in dem vollen Sinn, als man damit verbindet.

Schließlich gebe ich Ihnen zu bedenken, ob Ludwig XIV., der doch im Grunde ein sehr weicher Charakter war, der nie als Held durch seine Persönlichkeit viel im Kriege geleistet und dessen stolze Reprä-

---

1. Voici la liste dressée par Gœthe : Tiefe, Genie, Anschauung, Erhabenheit, Naturell, Talent, Verdienst, Adel, Geist, schöner Geist, guter Geist, Gefühl, Sensibilität, Geschmack, guter Geschmack, Verstand, Richtigkeit, schicklicher Ton, guter Ton, Hofton, Mannichfaltigkeit, Fülle, Reichthum, Fruchtbarkeit, Wärme, Magie, Anmuth, Grazie, Gefälligkeit, Leichtigkeit, Lebhaftigkeit, Freiheit, Brillantes, Saillantes, Pikantes, Delikates, Ingenioses, Styl, Versification, Harmonie, Reinheit, Correction, Eleganz, Vollendung.

2. Und mich nur... gehalten, et je me serais renfermé dans un cercle d'expressions et de nuances particulières.

3. Einige Bestimmungen, quelques qualités spéciales.

4. Sich unter... subsumiren lassen, pouvoir être compris parmi..., rentrer dans...

5. Gemüth est un mot essentiellement allemand, qu'on ne peut traduire que d'une manière approximative: les mots *cœur*, *âme*, ne le rendent qu'imparfaitement.

sentations=Regierung, wenn man billig sein will, zunächst das Werk von zwei sehr thätigen Ministerialregierungen war, die ihm vorhergingen und das Feld rein machten, ob Ludwig XIV. mehr als Heinrich IV. den französischen Königscharakter darstellte[1]?

Dieser heteros logos fiel mir beim Lesen ein und ich wollte ihn nicht vorenthalten[2].

Schiller.

---

1. Dans la note rappelée ci-dessus Gœthe avait présenté Louis XIV comme le type du roi de France.

2. Vingt ans plus tard, Gœthe disait à Eckermann, en lui montrant cette lettre écrite d'une main si ferme : « C'était une nature splendide ; il nous a quittés dans la plénitude de sa force. » — Le 28 avril, Schiller se rendit à la cour ; c'était la dernière visite qu'il devait faire à ses augustes protecteurs. Le 29, Gœthe vint le voir dans la soirée ; il se retira de bonne heure parce qu'il était lui-même souffrant ; le 9 mai, Schiller mourut sans avoir revu son ami,

4

TABLE DES MATIÈRES

8859-87. — Corbeil. Imprimerie Crété.